Das große
WM-Buch
2023

Das große WM-Buch 2023

STARS · TEAMS · STADIEN

riva

VORWORT

Zu meiner WM-Vorfreude gesellt sich ganz schnell mein Blick fast 20 Jahre zurück. WM-Finale 2003, 12. Oktober im Stub Hub Center, Carson, Kalifornien, Gegner ist Schweden, 26.137 Zuschauer sind im Stadion. Wir müssen früh aus den Federn, weil das erste WM-Finale mit deutscher Beteiligung daheim zu bester Sendezeit im TV läuft (MESZ 19:00 Uhr) und wir acht Stunden hinter Deutschland zurück sind. In meiner Erinnerung ist es noch dunkel, als wir aufstehen. Matchmeal mit den legendären Pfannkuchen gibt es gefühlt um sieben Uhr morgens. In Kalifornien ist es 10:50 Uhr am Morgen, als wir die Nationalhymne singen. Puh, was für eine Uhrzeit.

Zu diesem Zeitpunkt wissen wir selbst noch nicht, dass wir Teil eines legendären und atemberaubenden Finales werden. Es geht für uns und mich bitter los – Hannah Ljungberg trifft und wir liegen nach 41. Spielminuten mit 0:1 hinten. Mist. Mit Rückstand in die Halbzeitpause. An die 15 Minuten in der Kabine habe ich keine richtige Erinnerung mehr, aber unsere damalige Trainerin Tina Theune-Meyer hat uns mit Sicherheit wie immer in ihrer unnachahmlich ruhigen Art gepusht.

Der Frust währt nur kurz: Maren Meinert schießt wenige Sekunden nach Wiederanpfiff das 1:1 und so steht es auch nach 90 Spielminuten. Wir hatten in den 90 Minuten ausreichend Torchancen, gleich zu Beginn durch Birgit Prinz. Auch Schweden hätte in der Schlussphase das entscheidende Tor schießen können. Ein Spiel auf Messers Schneide.

Rein in die Verlängerung: Historisch! Zum ersten und letzten Mal wird das Golden Goal über die neuen Weltmeisterinnen entscheiden. Jeder kleinste Fehler – natürlich auch von mir – kann und wird über Sieg oder Niederlage entscheiden! Aber diese Gedanken hatte ich zum Anpfiff der Verlängerung nicht in meinem Kopf. Die 98. Minute: Freistoß aus halbrechter Position nach einem Foul an Kerstin Stegemann. Ich habe die Situation noch vor Augen! Ich stehe vor meinem Sechzehner, die Hände auf den Knien abgestützt und beobachte das Spielgeschehen. Es ist eine klare Angelegenheit für unsere Nummer 6, Renate Lingor. Freistöße sind »Idgies« Spezialität.

Sie läuft an, der Ball segelt in den Strafraum, ich sehe Nia Künzer von hinten, sie, die erst in der 88. Minute eingewechselt worden ist, schraubt sich hoch, höher als alle anderen, dreht den Oberkörper und wuchtet per Kopf den Ball über Schwedens Torhüterin Caroline Jönsson zum 2:1 ins Netz. Wir sind Weltmeister! Das erste Mal! Was für ein Wahnsinnsaugenblick! Einmalig! Bis heute kriege ich Gänsehaut!

Ich kann es nicht fassen, falle auf die Knie, schlage die Handschuhe vors Gesicht, benötige einen kurzen Augenblick, um das, was gerade passiert ist, zu realisieren. Auf diesen Moment trainierst du hin. Harte Arbeit und immer mit dem Fokus zu gewinnen, Titel zu gewinnen. Und jetzt ist er da, dieser Wahnsinnsmoment. Ich fühle mich hilflos und fassungslos zugleich. Was soll ich tun? Wohin soll ich zuerst laufen? Wohin mit meinen Emotionen? Freude und Tränen und dann renne ich los! Zur Bank, zum gesamten Team. Wir springen aufeinander und liegen uns in den Armen! Unglaublich: Deutschland, WIR sind Weltmeisterinnen! Noch auf dem Platz all die Auszeichnungen für uns: beste Spielerin, beste Torschützin und ich bin Welttorhüterin. In der Kabine geht die Party weiter: Musik an, die Sektkorken knallen …

Ich werde aus der Ferne die Daumen drücken, dass sich das Team von Martina Voss-Tecklenburg den maximalen Erfolg holt, das nötige Quäntchen Glück hat und sich seinen ganz eigenen Gänsehautmoment beschert!

Auf geht's! Herzliche Grüße

Silke Rottenberg

Silke Rottenberg spielte von 1993 bis 2008 als Torhüterin im deutschen Nationalteam. Sie wurde Weltmeisterin 2003 und 2007, Europameisterin 1997, 2001 und 2005, gewann 2000 und 2004 die Olympische Bronzemedaille und wurde 2019 in die Hall of Fame aufgenommen.

INHALT

Ausblick 06

Team Deutschland 12

Teams & Gruppen 30

Stars 68

Stadien 86

WM-Geschichte 98

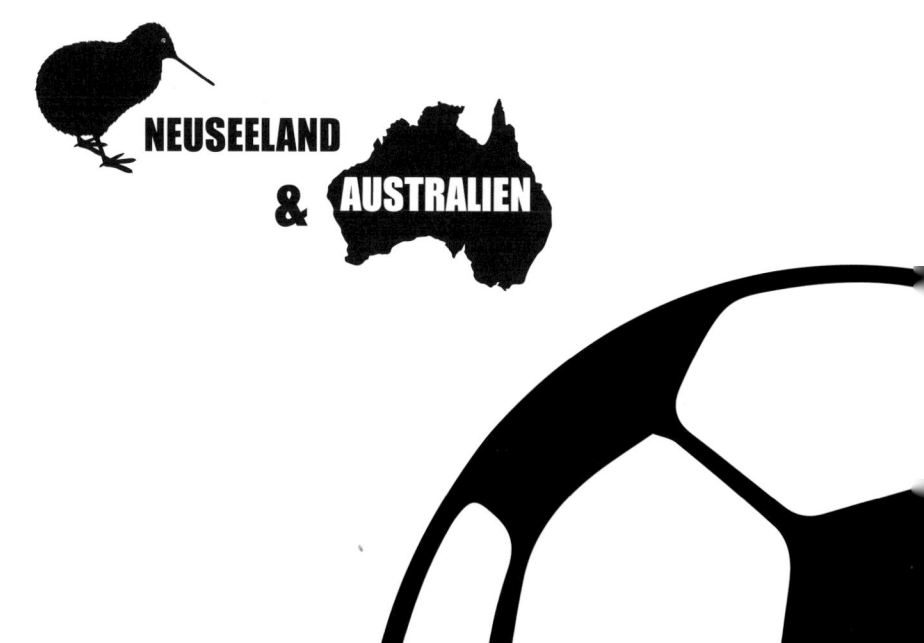

AUSBLICK

Bei der Europameister-schaft 2022 in England ist Giulia Gwinn (15) eine der herausra-genden Spielerinnen im deutschen Team. Gwinn ist bei allen Spielen auf dem Feld und wird in die »Elf des Turniers« gewählt. Hier im Halbfinale gegen Frankreich im Zwei-kampf mit Melvine Malard (12).

Jenseits von Größe

Wenn ab dem 20. Juli 2023 in Down Under der Ball rollt, startet eine Frauen-Weltmeisterschaft der Superlative. Erstmals nehmen an einer Endrunde 32 Nationen teil, niemals zuvor gab es 64 WM-Spiele, zum ersten Mal sind zwei Nationen Gastgeber.

Die Welt ist 2023 zu Gast auf der Südhalbkugel, die neunte Frauen-Weltmeisterschaft findet in Australien und Neuseeland statt. Passend zur rasanten internationalen Entwicklung des Frauenfußballs lautet der Slogan »Beyond Greatness« – Jenseits von Größe.

Schon weit vor Turnierbeginn zeichnete sich dabei ab, dass die Partien zu Kassenschlagern herangereift waren. Bereits im Januar vor Turnierstart waren über eine halbe Million Tickets verkauft. »Football Australia«, der australische Fußballverband, beantragte aufgrund der hohen Zuschauer-Nachfrage für das erste Spiel zwischen Co-Gastgeber Australien und WM-Neuling Irland die Verlegung des Spiels vom kleineren WM-Stadion in Sydney ins ebenfalls in Sydney gelegene Stadium Australia. In die spätere Endspielarena passen mit 83.500 Plätzen fast doppelt so viele Zuschauer.

Damit befindet sich auch der Frauenfußball in Australien auf der Euphoriewelle und generiert ein stetig steigendes Zuschauerinteresse. Ein Momentum, das in den vergangenen Jahren in Europa seinen Ursprung gefunden hat. Insbesondere die nationalen Ligen in England, Spanien und Frankreich verzeichnen eine enorme Professionalisierung. So kamen im März 2022 ins Camp Nou des FC Barcelona 91.553 Fans und sahen das 5:2 ihres Teams gegen den großen Rivalen Real Madrid – Weltrekordkulisse.

Zwar hat die deutsche Bundesliga im internationalen Vergleich zu einigen Ligen anderer europäischer Länder an Boden verloren, doch isoliert betrachtet erfreut sich auch die deutsche Topliga einer immer größer werdenden Beliebtheit. In die Herzen der deutschen Fußballfans hat sich dabei in den vergangenen Jahren vor allem die deutsche Frauen-Nationalauswahl gespielt. Sympathisches, leichtes und lockeres Auftreten paart sich mit sportlich attraktiven Spielen und einer immer größer werdenden Geschwindigkeit und Athletik zu einem wahren Erfolgsprodukt.

17,952 Millionen Fernsehzuschauer sahen im Sommer 2022 das EM-Finale der deutschen Frauen gegen Gastgeber England und sorgten so für einen Marktanteil von 64,5 Prozent. Die Begegnung war damit das Fußballspiel mit der höchsten TV-Quote eines Kalenderjahres, in dem auch noch die Männer-WM in Katar stattfand. Die knappe Niederlage in der Verlängerung lockte somit mehr Zuschauer vor die deutschen TV-Geräte als die Spiele der Männer. Nur 17,495 Millionen Fans sahen das am meisten gesehene deutsche Männerspiel gegen Costa Rica. Und auch das Finale zwischen dem späteren Weltmeister Argentinien und Europameister Frankreich zog in Deutschland lediglich 13,884 Millionen in seinen Bann.

Die Frauen haben 2022 auf DFB-Ebene den Männern erstmals den Rang abgelaufen. Zwar ist es aufgrund der für Mitteleuropa ungünstigen Anstoßzeiten in Australien und Neuseeland unwahrscheinlich, dass erneut TV-Rekordquoten von den Frauen aufgestellt werden, so manch ein Fan wird sich aber Urlaub genommen haben, um die Spiele live zu verfolgen. Der Frauenfußball ist 2023 so beliebt wie nie zuvor und schwimmt vollkommen zurecht auf einer Welle der Euphorie.

Wie wurde die WM vergeben?

Gleich elf Verbände richteten ihre Bewerbung als Gastgeber an den Fußball-Weltverband FIFA. Belgien und Bolivien wurden noch vor dem offiziellen Verfahren aussortiert, so dass neben Australien und Neuseeland noch Argentinien, Brasilien, Kolumbien, Japan und Südafrika sowie die Co-Bewerber Nord- und Südkorea im Rennen waren. Australien und Neuseeland setzten sich am Ende gegen Kolumbien durch.

Wer nimmt überhaupt teil?

Die beiden Gastgeber Australien und Neuseeland waren für die Endrunde gesetzt. Die FIFA vergab die weiteren 30 Startplätze an elf Teams aus Euro-

Foto rechts: Svenja Huth (rechts) im Zweikampf gegen Alex Greenwood (links), im Finale der Frauen-Europameisterschaft England gegen Deutschland am 31. Juli 2022 im Wembley-Stadion in London.

pa sowie vier aus Nord- und Mittelamerika, vier aus Afrika und drei aus Südamerika. Aus Asien nehmen neben Australien fünf weitere Nationen teil, Neuseeland ist der einzige Vertreter aus Ozeanien, das keinen weiteren Startplatz erhielt. So qualifizierten sich folgende Nationen für die Endrunde: Dänemark, Deutschland, England, Frankreich, Irland, Italien, Niederlande, Norwegen, Schweden, Schweiz, Spanien (alle Europa), Argentinien, Brasilien, Kolumbien (alle Südamerika), Costa Rica, Jamaika, Kanada, USA (alle Nord-/Mittelamerika und Karibik), Marokko, Nigeria, Sambia, Südafrika (alle Afrika), China, Japan, Philippinen, Südkorea und Vietnam (alle Asien). Über kontinentalverbandsübergreifende Playoffs wurden drei weitere Tickets vergeben, die Haiti, Panama und Portugal ergatterten.

Wie ist der Modus bei der Endrunde?
Gespielt wird in acht Vorrundengruppen zu jeweils vier Teams. Die Gruppensieger und -zweiten quali-fizieren sich für das Achtelfinale. Von dort aus geht es im K.o.-Modus bis ins Finale weiter. Das Eröffnungsspiel bestreiten am 20. Juli Neuseeland und Ex-Weltmeister Norwegen in Auckland, das Finale findet am 20. August in Sydney statt. Co-Gastgeber Australien startet am gleichen Tag gegen Irland ins Turnier, für Titelverteidiger USA geht der Wettbewerb am 22. Juli gegen Vietnam los, das ebenfalls zum ersten Mal bei einer Endrunde dabei ist. Die deutschen Frauen begehen ihren WM-Auftakt am 24. Juli in Melbourne gegen Marokko.

Wer sind die Favoriten?
Neben Rekordweltmeister USA ist Europameister England in der Favoritenrolle. Die Amerikanerinnen gewannen die Weltmeisterschaften 2015 und 2019 und hoffen auf ihren dritten Triumph in Serie. Allerdings sind einige der besten amerikanischen Spielerinnen im fortgeschrittenen Sportlerinnenalter. England befindet sich hingegen auf dem Ze-

Zwei Stars des internationalen Frauenfußballs: Die deutsche Stürmerin Alexandra Popp (links) und Fridolina Rolfö (rechts) im Zweikampf beim Freundschaftsspiel Deutschland gegen Schweden am 21. Februar 2023 in Duisburg.

nit seiner Leistungsfähigkeit und verfügt über eine enorme Dichte an internationalen Topspielerinnen im besten Fußball-Alter. Die deutsche Auswahl befindet sich ebenso wie eine Reihe weiterer Nationen im erweiterten Favoritenkreis. Dazu gehören auch die skandinavischen Teilnehmer Schweden und Norwegen. Außerdem hofft Olympiasieger Kanada ebenso darauf, in die Spitze vorzudringen, wie Australien die Chance sieht, mit dem Heimvorteil im Rücken für eine Überraschung zu sorgen. Eine Sonderrolle nehmen Spanien und Frankreich ein. In Bestbesetzung gehören beide europäischen Verbände in die engere Auswahl, Streitigkeiten zwischen Nationalspielerinnen und dem jeweiligen Verband sorgen aber dafür, dass einige der weltbesten Fußballerinnen nicht dabei sein könnten – sofern es vor Turnierbeginn nicht noch zu Aussöhnungen kommt.

Maskottchen, Ball, Musik und Technik

Seit Oktober 2022 steht der Pinguin »Tazuni« als Maskottchen für die WM 2023. Die Zwergpinguindame der Rasse »Eudyptula minor« ist in Neuseeland beheimatet und ihr Name besteht aus einer Mischung der Begriffe »Tasmanische See« und »Unity« (Einheit). Bei der neunten Frauen-WM wird zum neunten Mal mit einem Ball der deutschen Firma Adidas gespielt. Der Name des Balles lautet »Oceaunz« und soll das Miteinander der Gastgebernationen symbolisieren. Das Design des Balles ist von den einzigartigen Landschaften Australiens und

Sommer 2022: Frauenfußball boomt. Die Anzeigetafel im Londoner Wembley-Stadion zeigt den neuen Rekord: 87.192 Zuschauer bei einem EM-Finale gab es zuvor noch nie.

Neuseelands inspiriert. Den WM-Song »Unity« gibt der britische DJ und Musikproduzent Kelly Lee Owens zum Besten. Das Lied wurde bereits im Oktober 2021 zur WM-Hymne auserkoren. Torlinientechnik und Video-Schiedsrichter (VAR) sind auch 2023 Teil der Weltmeisterschaft. Die Torlinientechnik ist seit der Endrunde 2015 fester Bestandteil, der VAR feierte bei der WM 2019 seine Premiere.

Besonderheiten

Ausschluss: Russland wurde aufgrund des im Februar 2022 begonnenen Angriffskriegs auf die Ukraine im Verlauf der Qualifikation seitens der UEFA ausgeschlossen. Die russischen Frauen lagen zum Zeitpunkt des Ausschlusses in der europäischen Gruppe E hinter Dänemark auf dem zweiten Platz und hatten gute Chancen sich zu qualifizieren.

Sponsoren-Kontroverse: »Visit Saudi«, die Tourismusbehörde Saudi-Arabiens, wurde im Februar 2023 als einer der Hauptsponsoren der Endrunde von der FIFA benannt. Neben Human Rights Watch und den WM-Gastgeberverbänden empfanden Topspielerinnen wie Alex Morgan, Megan Rapinoe und Becky Sauerbrunn aus den USA oder Vivianne Miedema aus den Niederlanden es als unpassend, dass ausgerechnet ein Land, in dem es Rückstände im Thema Frauenrechte gibt, bei einer Frauen-WM als Sponsor fungieren solle. Nur einen Monat später distanzierte sich die FIFA von dem Sponsoring-Vertrag und kündigte diesen. ⚽

TEAM DEUTSCHLAND

Das deutsche Team beim Testspiel gegen Schweden am 21. Februar 2023 in Duisburg. Die Aufstellung hinten von links: Torhüterin Merle Frohms, Lina Magull, Marina Hegering, Sjoeke Nüsken, Sophia Kleinherne, Alexandra Popp, vorne von links: Klara Bühl, Felicitas Rauch, Kathrin Hendrich, Svenja Huth, Sara Däbritz.

Ein langer Weg an die Weltspitze

Der Anschlusstreffer von Schwedens Stina Blackstenius kam zu spät. Dzsenifer Marozsán und ein Eigentor von Linda Sembrant hatten Deutschland zuvor 2:0 in Führung gebracht. Deutschland gewann die Goldmedaille bei den Olympischen Spielen von Rio de Janeiro durch ein 2:1 im Endspiel gegen Schweden.

Es war der bislang letzte Titel für die deutschen Fußball-Frauen, der nun schon sieben Jahre zurückliegt. Die einst so vom Erfolg verwöhnte Nation muss ungewöhnlich lange auf einen Titel warten, der in den Jahren zuvor schon fast im Abonnement in Deutschland landete.

Zwischen 1995 und 2013 gewann das deutsche Nationalteam nicht weniger als sechs Europameistertitel in Folge. Hinzu kamen die Weltmeistertitel 2003 und 2007. Wann immer ein internationales Turnier auf großer Bühne stattfand, räumte Deutschland in dieser Zeit den ersten Platz ab. Auf der Weltbühne gelang es in dieser Phase lediglich den USA 1999 und Japan 2011, die Deutschen zumindest kurzzeitig vom Thron zu stoßen. Es war die große Zeit von Spielerinnen wie Birgit Prinz, Bettina Wiegmann und Silke Rottenberg, von Inka Grings, Anja Mittag und Nadine Angerer, um nur wenige Spielerinnen zu nennen, die insbesondere bei diesen Ereignissen entscheidende Momente hatten. Es gab unzählige weitere Spielerinnen, die zu ihrer Zeit zur absoluten Weltspitze zählten: Martina Voss, die heutige Bundestrainerin, Renate Lingor oder die bereits 2019 verstorbene Heidi Mohr.

Boom bei der EM

Nicht weniger erfolgreich waren die ersten Trainer und Trainerinnen des Nationalteams. Gero Bisanz, der erste Bundestrainer der deutschen Frauen, feierte dreimal den Gewinn der Europameisterschaft, Tina Theune sammelte ebenfalls drei EM-Titel und legte den Gewinn der ersten Weltmeisterschaft 2003 obendrauf. Auf sie folgte Silvia Neid, die zwar nur zweimal den Kontinentaltitel gewann, dafür aber den WM-Erfolg 2007 wiederholte und das erste olympische Gold für den DFB-Briefkopf 2016 errang. Mit dem Sieg gegen Schweden gab Neid die Verantwortung an Steffi Jones weiter, die das Erbe nicht erfolgreich fortsetzte und nach knapp zwei Jahren von ihren Aufgaben entbunden wurde.

Männer-Legende Horst Hrubesch übernahm interimsweise, sorgte für einen Trainer-Startrekord von sieben Siegen und führte die DFB-Frauen wieder in die Erfolgsspur. Seit November 2018 ist Martina Voss-Tecklenburg nun Bundestrainerin und hofft in Australien und Neuseeland die Durststrecke mit ihrem ersten Weltmeisterschaftstitel als Na-

tionalcoach zu beenden. Während der deutsche Frauenfußball nie mehr Anerkennung und öffentliche Aufmerksamkeit als in den Tagen der Europameisterschaft 2022 erfuhr – und sich regelrecht in einem Boom befindet – waren die Anfänge doch eher schwer und schleppend. 1955 erließ der Deutsche Fußball-Bund ein Verbot und führte Fußball spielende Frauen an den Rande der Illegalität. »Diese Kampfsportart« sei »der Natur des Weibes im wesentlichen fremd«. Die »weibliche Anmut« würde »schwinden«,

»Körper und Seele Schaden erleiden« und das »Zurschaustellen des Körpers« den »Anstand verletzen«, hieß es in dem Erlass. Natürlich spielten Frauen weiterhin Fußball, nur eben nicht unter dem Dach des DFB. In den Jahren nach dem Verbot wurden zahlreiche inoffizielle Länderspiele ausgetragen und da der Deutsche Fußball-Bund später befürchtete, dass sich die über 50.000 aktiven Kickerinnen in einem eigenen Verband organisieren könnten, wurde das Verbot 1970 aufgehoben. Gefördert wurde der

Frauenfußball aber dennoch nicht und so dauerte es zehn Jahre, ehe der Sport seinen überfälligen Schub erfuhr. Verbandsfunktionär Horst R. Schmidt erhielt 1980 eine schriftliche Einladung zur Teilnahme mit einer Frauen-Nationalauswahl an der inoffiziellen Weltmeisterschaft in China 1981. In Ermangelung einer Frauen-Auswahl sendete der DFB den damals aktuellen Deutschen Meister mit seinem Vereinsteam nach Asien. Die SSG 09 Bergisch Gladbach dominierte die internationale Konkurrenz, erzielte im Turnierverlauf 25 Tore und wurde für Deutschland inoffizieller Weltmeister.

Pioniere des Frauenfußballs

Der DFB wusste, was die Stunde geschlagen hatte. Der Frauenfußball war nicht mehr auszubremsen und so entschloss sich der deutsche Dachverband zum Aufbau eines Nationalteams. DFB-Präsident Hermann Neuberger setzte Trainerausbilder Gero Bisanz als ersten Bundestrainer ein und dann war es soweit. Am 10. November 1982 bestritt das deutsche Frauen-Nationalteam ihr erstes offizielles Länderspiel.

Die Startelf-Pionierinnen beim 5:1 vor 5.000 Zuschauern in Koblenz gegen die Schweiz waren Marion Feiden, Gaby Dlugi-Winterberg, Petra Landers, Monika Steinmetz, Brigitte Klinz, Rike Koekkoek, Anne Trabant, Bettina Krug, Birgit Bormann, Doris Kresimon und Ingrid Gebauer. Claudia Reichler, Christel Klinzmann, Silvia Neid, Birgit Offermann und Petra Bartelmann wurden eingewechselt, das erste deutsche Länderspieltor erzielte Doris Kresimon. Ingrid Gebauer, Birgit Bormann und zweimal Silvia Neid sorgten für die weiteren Tore. Es war der offizielle Beginn einer Erfolgsgeschichte, die in Down Under darauf wartet, weitergeschrieben zu werden. ⚽

Rio de Janeiro 2016: Die deutschen Fußballerinnen feiern den Gewinn der Goldmedaille im deutschen Haus.

Martina Voss-Tecklenburg

Für Martina Voss-Tecklenburg schließt sich ein Kreis. Kurz vor den Olympischen Spielen 2000 im australischen Sydney wurde die damalige Spielführerin der deutschen Nationalauswahl ausgebootet. 23 Jahre später kommt die mittlerweile 55-Jährige mit dem Nationalteam endlich in Australien an – als Bundestrainerin.

Voss-Tecklenburg hat bei der kommenden Weltmeisterschaft somit die Möglichkeit einen Makel ihrer Karriere auszuwetzen. Ihr Ehemann Hermann Tecklenburg hat ihr im Falle des WM-Titels eine besondere Belohnung versprochen.

Sechs Jahre war Martina Voss, wie sie damals noch hieß, mit Inka Grings, ebenfalls Nationalspielerin, liiert. Dann ging die Beziehung kurz vor den Olympischen Spielen 2000 in die Brüche. Erst im zweiten Gespräch offenbarte sich Voss im Februar 2000 der damaligen Bundestrainerin Tina Theune. Obwohl Voss, die zu diesem Zeitpunkt über 15 Jahre Teil des Nationalteams war, beteuerte, mit der schwierigen Situation fertig zu werden und dem Team bei der Gold-Mission helfen zu wollen, lud Theune sie aus dem DFB-Team aus. Grings fuhr nach Sydney und gewann mit der deutschen Auswahl Bronze, Voss kehrte als Spielerin nie wieder in den Kreis der Nationalauswahl zurück. Bei der Weltmeisterschaft in Australien und Neuseeland kann Voss-Tecklenburg das als Trainerin vollenden, was ihr als Spielerin in Down Under verwehrt geblieben ist: ein erfolgreiches Turnier mit einem Titelgewinn. Zum zweiten Gruppenspiel am 30. Juli sind Trainerin und Team gegen Kolumbien erstmals in Sydney zu Gast. Frühestens im Viertelfinale würde Sydney dann erneut zur deutschen Spielstätte werden, wahrscheinlicher ist ein Verbleib in der größten australischen Stadt aber ab dem Halbfinale.

Vor den Jungs als Erste gewählt

Voss-Tecklenburg gehört zu den besten Spielerinnen, die der deutsche Fußball in seiner Geschichte hervorgebracht hat. 125 Länderspiele absolvierte die Mittelfeldspielerin mit Drang zum Tor ab 1984 für Deutschland, erzielte dabei 27 Treffer und wurde Teamkapitänin. Mit ihr wurde Deutschland viermal Europameister sowie Vize-Weltmeister 1995. Wäre es nach ihrer Mutter gegangen, dann wäre ihre Martina allerdings nie Fußballspielerin geworden. »Fußball ist nichts für Mädchen«, zitierte Voss-Tecklenburg ihre Mutter im Podcast »Einfach Fußball« von WDR-Moderator Sven Pistor im Herbst 2022. Stattdessen spielte sie Handball, machte Leichtathletik und wurde als Tischtennisspielerin Duisburger Stadtmeisterin der Juniorinnen.

Erst mit 15 Jahren setzte sie sich gegen die familiären Widerstände durch, als die DJK Lösort Meiderich 1921 um sie warb. Voss hatte sich im Schulteam in den Vordergrund gespielt, war noch vor allen Jungs stets als erste gewählt worden und hatte bei Straßenfußballduellen auf sich aufmerksam gemacht. Die humorvolle Duisburgerin atmet den Ruhrpott, härtete nicht nur auf dem harten Untergrund betonierte Bolzplätze in ihrer Jugend ab,

Martina Voss (links), jubelt mit Maren Meinert (rechts) nach deren Tor zum 1:1 gegen Schweden. Das Finale der Europameisterschaft 1995 gewinnt das deutsche Team 3:2 gegen Schweden.

Info

Geboren: 22. Dezember in Duisburg, Nordrhein-Westfalen
Position: Bundestrainerin (seit 26. April 2018)
Vereine als Spielerin: KBC Duisburg (1982 bis 1989), TSV Siegen (1989 bis 1994), FCR 2001 Duisburg (1994 bis 2003)
Teams als Trainerin: FCR 2001 Duisburg (2008 bis 2011), FF USV Jena (2011 bis 2012), Schweiz (2012 bis 2018), Deutschland (seit 2018)
Erfolge als Spielerin: Vize-Weltmeisterin 1995, Europameisterin 1989, 1991, 1995 und 1997, Deutsche Pokalsiegerin 1983, 1989, 1993, 1998, Deutsche Meisterin: 1985, 1990, 1991, 1992, 1994, 2000
Erfolge als Trainerin: Vize-Europameisterin 2022, Deutsche Pokalsiegerin 2009 und 2010, UEFA-Women's-Cup-Siegerin 2009

Eine der erfolgreichsten deutschen Sportlerinnen im Frauenfußball. Der »große Titel« als Trainerin fehlt noch auf der Liste.

sie steht auch für die Bodenständigkeit und Ehrlichkeit, die den Menschen aus dem Ruhrgebiet nachgesagt werden. Die Drehorte des »Tatort« mit Götz George als Kommissar Horst Schimanski sind ihr ebenso bekannt, wie das Wedaustadion des MSV Duisburg, das sie in ihrer Kindheit häufig mit ihrem Vater besuchte.

Ihre aktive Karriere beendete die Aufsichtsrätin von Zweitligist Fortuna Düsseldorf mit einer Niederlage im Pokalfinale von 2003 mit dem FCR 2001 Duisburg gegen den 1. FFC Frankfurt. Ausgerechnet bei ihrem letzten großen Auftritt unterlief ihr das einzige Eigentor ihrer aktiven Karriere. Ihre Rede beim Bankett hatte aber trotzdem etwas Gutes.

Der Bauunternehmer Hermann Tecklenburg hörte die mitreißenden Worte der scheidenden Spielerin und lud Voss zu einem gemeinsamen Abend ein. Vier Wochen später hatte Tecklenburg bereits den Entschluss gefasst Voss heiraten zu wollen. Seit 2009 sind beide ein Ehepaar.

Siegprämie: Ein Haus auf Mallorca

Nach ihrer aktiven Zeit auf dem Rasen wurde Voss zunächst Verbandssportlehrerin des Niederrheins und später Bundesliga-Trainerin in Duisburg sowie beim FF USV Jena, ehe sie 2012 Trainerin der Schweizer Nationalauswahl wurde. Die Schweiz führte sie 2015 und 2017 zu den ersten Teilnahmen an einer Welt- sowie

Europameisterschaftsendrunde. Zwischenzeitlich lernte sie das Fußballgeschäft auch von der journalistischen Seite als Chefredakteurin des FF-Magazins kennen. Die Weltmeisterschaft 2023 ist das dritte große Turnier unter Voss-Tecklenburg als Bundestrainerin. Bei der WM 2019 schied Deutschland im Viertelfinale aus, bei der EM 2022 war Deutschland als Vize-Europameister nah am Titel dran.

Sollte es im Sommer mit dem dritten Weltmeistertitel für den DFB klappen, dann hat Ehemann Hermann etwas ganz besonderes für seine Ehefrau ausgelobt. Dann bekommt Voss-Tecklenburg vom Bauunternehmer ein Haus auf der spanischen Ferieninsel Mallorca. ⚽

Für die Zeit nach ihrer aktiven Karriere hat sie bereits vorgesorgt. Als Marina Hegering 2022 vom FC Bayern München zum VfL Wolfsburg wechselte, unterschrieb sie einen Vierjahresvertrag.

Zwei Jahre davon soll die bei der WM 33-Jährige noch auf dem Platz stehen, danach andere Aufgaben im Verein übernehmen. Hegering ist eine Spätberufene, die in ihrer Karriere Rückschläge zu verkraften hatte. Erst wenige Tage vor ihrem 29. Geburtstag feierte die Innenverteidigerin ihr Debüt in der Nationalauswahl und wird für ihre Zuverlässigkeit und Loyalität von Martina Voss-Tecklenburg geschätzt.

Die Bundestrainerin ist dabei ihre langjährige Weggefährtin. Schon als Jugendliche war Martina Voss-Tecklenburg ihre Landesauswahltrainerin. Später trafen sich ihre Wege beim FCR 2001

Duisburg wieder, als die junge Hegering unter Voss-Tecklenburg zweimal den DFB-Pokal und einmal den UEFA-Pokal gewann. 2009 wurde Hegering noch vor Alexandra Popp und Dzsenifer Marozsán als beste Nachwuchsspielerin mit der Fritz-Walter-Medaille in Gold geehrt. Sie galt als eines der größten Talente im deutschen Fußball, gewann 2010 mit der deutschen U20 die Weltmeisterschaft und verschwand dann für nahezu sechs Jahre von der Bildfläche.

Eine Fersenverletzung setzte Hegering außer Gefecht, mehrere Operationen samt Wundheilungsstörungen folgten, eine jahrelange Leidenszeit begann. Einige Spielzeiten verpasste sie in dieser Phase komplett, kam in anderen Saisons sporadisch zum Einsatz und fiel wieder aus. Natürlich dachte Hegering in dieser Phase an ihr vorzeitiges Karriereende. Doch es kam anders, Hegering kämpfte sich zurück und wird nicht nur des Reims wegen von ihren Teamkolleginnen »Maschina« genannt, ein Spitzname, den Nationalspielerin Sara Doorsoun ihr einst verlieh. Hegering besticht durch ihre Mentalität, geht auf dem Platz über ihre Schmerzgrenze hinaus und gilt als leidenschaftliche Abwehrspielerin. Obwohl sie stets mit Bedacht spricht, hat

sie in der Kabine eine enorme Präsenz und ist ein Vorbild für viele ihrer jüngeren Kameradinnen. Lena Oberdorf sieht in Hegering eine zukünftige Bundestrainerin, wenngleich sie selbst sich nicht in der ersten Reihe sieht, sondern lieber im Hintergrund alles in die richtigen Bahnen lenken möchte. Privat treibt Hegering vor allem gerne draußen Sport und liebt das Fahrradfahren. Aber auch Schwächen hat sie: Sie isst gerne Eis und es fällt ihr, anders als auf dem Platz, schwer, schnelle Entscheidungen zu treffen. ⚽

Info 🇩🇪

Geboren: 17. April 1990 in Bocholt, Nordrhein-Westfalen
Position: Abwehr
Größe: 170 cm
Gewicht: 67 kg
Rückennummer: 5 (Deutschland), 31 (VfL Wolfsburg)
Vereine: FCR 2001 Duisburg (2007 bis 2011), Bayer Leverkusen (2011 bis 2017), SGS Essen (2017 bis 2020), Bayern München (2020 bis 2022), VfL Wolfsburg (seit 2022)
Größte Erfolge: Vize-Europameisterin 2022, U20-Weltmeisterin 2010, DFB-Pokal-Siegerin 2009, 2010, UEFA-Women's-Cup-Siegerin 2009, Deutsche Meisterin 2022, Fritz-Walter-Medaille 2009 (Gold)

Marina Hegering beim 0:0 im Spiel gegen Schweden am 21. Februar 2023 in Duisburg.

Svenja Huth

Im Finale der zurückliegenden Europameisterschaft in England führte Svenja Huth das deutsche Nationalteam als Vertreterin der ausgefallenen Alexandra Popp als Kapitänin aufs Feld.

Kein Wunder, gehört die 32-Jährige doch zu den erfahrensten Spielerinnen im Kader von Bundestrainerin Martina Voss-Tecklenburg. Mit Deutschland gewann die Bayerin schon den EM-Titel und Olympia-Gold, wurde als Juniorin bereits Welt- und Europameisterin und gehört auch in der Bundesliga zu den prägenden Fußballerinnen der vergangenen Jahre. Mit zunehmender Erfahrung ist Huth in den vergangenen Jahren immer häufiger vom Angriff ins Mittelfeld gerückt, besticht neben ihrer ausgeprägten Technik vor allem mit ihrem sicheren Passspiel und ihrem guten Auge für die Mitspielerinnen. Mit Pässen in die Schnittstellen vermag es Huth, ihre schnellen Teamkolleginnen einzusetzen. Selbst hat die quirlig anmutende Huth, die trotz ihrer Größe von nur 1,63 Metern den Ball zu behaupten weiß, ebenfalls genug Tempo, um immer wieder gefährlich in die Tiefe vorzustoßen.

Auch neben dem Platz engagiert

Schon im Alter von sieben Jahren begann Huth mit dem Fußballspielen und landete als 14-Jährige in der Nachwuchsabteilung des 1. FFC Frankfurt. Für dessen erste Mannschaft debütierte sie im November 2007 im DFB-Pokal-Achtelfinale gegen Tennis Borussia Berlin und avancierte mit dem einzigen Tor des Spiels sofort zur Matchwinnerin. Mit den Frankfurterinnen feierte Huth 2008 ihre erste Meisterschaft und musste dann zwölf Jahre auf die Wiederholung warten, ehe der zweite Meisterschaftsti-

Svenja Huth (9) kommt bei der EM 2022 bei allen Spielen der deutschen Nationalelf zum Einsatz.

tel mit dem VfL Wolfsburg gelang. Dafür gewann Huth mehrfach, bis 2022 siebenmal, den DFB-Pokal sowie 2015 die Champions League.

Für die Zeit nach ihrer Karriere hat die Botschafterin der Tierschutzorganisation VETO bereits vorgesorgt. Nachdem die Hundebesitzerin von Jamie bereits eine Ausbildung zur Kauffrau im Büromanagement absolviert hatte, schloss sie 2021 noch ihr Studium im Bereich Sportmanagement ab. Mehrfach schon setzte sich Huth in Interviews und Statements für bessere Bedingungen im Frauenfußball ein, die den Spielerinnen den Fokus auf den Sport ermöglichen sollen, anstatt zum Lebensunterhalt noch in Vollzeit arbeiten gehen zu müssen. Ihre Freizeit verbringt Huth mit ihrer Ehefrau, die sie kurz vor der EM 2022 heiratete und mit der sie sich auf ihren Social-Media-Kanälen gerne zeigt. ⚽

Info

Geboren: 25. Januar 1991 in Alzenau, Bayern
Position: Sturm
Größe: 163 cm
Gewicht: 54 kg
Rückennummer: 9 (Deutschland), 10 (VfL Wolfsburg)
Vereine: 1. FFC Frankfurt (2007 bis 2015), Turbine Potsdam (2015 bis 2019), VfL Wolfsburg (seit 2019)
Größte Erfolge: Vize-Europameisterin 2022, Europameisterin 2013, Olympiasiegerin 2016, U20-Weltmeisterin 2010, U17-Europameisterin 2008, Deutsche Meisterin: 2008, 2020, 2022, DFB-Pokal-Siegerin 2007, 2008, 2011, 2014, 2020, 2021, 2022, UEFA-Women's-Cup-Siegerin 2008, Champions-League-Siegerin 2015, Fritz-Walter-Medaille 2010 (Gold)

Alexandra Popp

Sie nahm sich ihre FFP2-Maske ab und setzte sich neben Teamkollegin Kathrin Hendrich auf das Podium. Beide Spielerinnen, Alexandra Popp und Hendrich, feixten.

Zwei Tage vor dem Finale der zurückliegenden Europameisterschaft spiegelte diese Szene die gesamte Stimmung wider, die von der deutschen Nationalauswahl bei der EM 2022 ausging und die ihr in der deutschen Öffentlichkeit so viele Sympathien einbrachte. Popp entblößte unter ihrer Corona-Maske einen angeklebten Bart und stellte sich mit tiefer Stimme als »Alexander Popp« vor. Die DFB-Kapitänin reagierte damit auf eine Fotomontage des Satire-Magazins »Postillon«, das in »Alexander Popp« die Sturmlösung für die deutsche Männer-Nationalmannschaft unter Bundestrainer Hansi Flick für die spätere Winter-WM in Katar sah.

Nie war »Poppi« so wichtig für das Nationalteam wie bei dieser Europameisterschaft. In jedem Gruppenspiel sowie im Viertelfinale gegen Österreich, mit dem von der Sportschau ausgezeichneten Tor des Monats Juli, und im Halbfinale gegen Frankreich hatte die Stürmerin des VfL Wolfsburg mindestens einmal getroffen, gegen die Französinnen beim 2:1 sogar beide Tore erzielt. Das war vor Popp noch nie einer Spielerin bei einer EM-Endrunde gelungen. Popp, die so oft in ihrer Karriere von Verletzungen geplagt war und die die Europameisterschaften 2013 und 2017 verpasst hatte, war die herausragende und ikonische Spielerin der EM in England. Umso bitterer, dass sie ausgerechnet im Finale gegen die Gastgeberinnen erneut mit einer Verletzung zusehen musste. Deutschland, das in der Verlängerung mit 1:2 verlor, hätte ein weiteres Popp-Tor gut gebrauchen können.

Ihre Leistungen auf dem Platz hallten noch lange nach. So wurde Popp am Jahresende nicht nur zum zweiten Mal in ihrer Karriere zur Nationalspielerin des Jahres gewählt, das Fachmagazin »Kicker« zeichnete Popp gar als »Persönlichkeit des Jahres« aus und vergab die 1990 ins Leben gerufene Ehrung damit erstmals an eine Frau – wenngleich bis 2019 nur Männer gewählt werden konnten. Mit dem Kalenderjahr 2022 schloss Popp aber auch eine schwierige Phase ihrer Karriere ab. Aufgrund einer Knorpelverletzung im Knie und zweier Operationen hatte sie von April 2021 bis März 2022 pausieren müssen und war erst im letzten Moment auf den EM-Zug aufgesprungen.

Mit der Trainerin gleichgezogen

Nicht weniger wichtig ist Popp als Fußballerin und Persönlichkeit auch bei der Weltmeisterschaft in Down Under. Martina Voss-Tecklenburg hält einen Platz im Kader für ihre Sturmführerin frei. »Ich gehe davon aus, wenn ›Poppi‹ gesund ist, dass sie auf jeden Fall diese WM mit uns bestreiten wird«, sagte die Bundestrainerin im Vorfeld des Testländerspiels im Februar 2023 gegen Schweden. Beim 0:0 in Duisburg absolvierte die bei der WM 32-Jährige ihr 125. Länderspiel und zog in der Liste der Spielerinnen mit den meisten Einsätzen im DFB-Trikot mit ihrer Trainerin gleich.

27. Juli 2022: Alexandra Popp (11) bejubelt ihr Tor zum 1:0 im Halbfinalspiel gegen Frankreich bei der UEFA-Fußball-Europameisterschaft der Frauen im Stadium MK in Milton Keynes, England.

Info 🇩🇪

Geboren: 6. April 1991 in Witten, Nordrhein-Westfalen
Position: Sturm
Größe: 174 cm
Gewicht: 66 kg
Rückennummer: 11
Vereine: 1. FFC Recklinghausen (2007 bis 2008), FCR 2001 Duisburg (2008 bis 2012), VfL Wolfsburg (seit 2012)
Größte Erfolge: Vize-Europameisterin 2022, Olympiasiegerin 2016, U20-Weltmeisterin 2010, U17-Europameisterin 2008, Champions-League-Siegerin 2013, 2014, UEFA-Women's-Cup-Siegerin 2009, Deutsche Meisterin 2013, 2014, 2017, 2018, 2019, 2020, 2022, DFB-Pokal-Siegerin 2009, 2010, 2013, 2015, 2016, 2017, 2018, 2019, 2020, 2021, 2022

Im Strafraum ist Popp eine ständige Gefahr für das gegnerische Tor. Sie besticht durch ihre Athletik und Durchsetzungsfähigkeit im Zweikampf. Popp ist dynamisch und behauptet die Bälle in vorderster Spitze ebenso, wie sie als Antreiberin aus dem Mittelfeld agieren kann, wenn sie sich fallen lässt oder tiefer aufgestellt wird. Bei Standards ist ihre Kopfballstärke im Angriff ebenso gefragt wie in der Verteidigung. Sie personifiziert die Rolle einer Kapitänin auf dem Platz, die ihre Mitspielerinnen anspornt und motiviert. Mit ihrer Erfahrung ist sie zudem wichtig für das Teamgefüge. Die gebürtige Wittenerin ist außerdem vielseitig einsetzbar, half auf Vereinsebene auch schon als Linksverteidigerin aus.

Ihre Physis lernte sie bereits in der Jugend für sich gewinnbringend einzusetzen. In der vom Deutschen Fußball-Bund als Eliteschule des Fußballs zertifizierten Gesamtschule Berger Feld in Gelsenkirchen war sie die einzige Schülerin und stand mit Kickern aus dem Nachwuchsprogramm des FC Schalke 04, der berühmten Schalker Knappenschmiede, gemeinsam auf dem Fußballplatz. Umso bemerkenswerter, da Popp als Fan des Schalker Revierrivalen Borussia Dortmund bekannt ist. Die staatlich geprüfte Tierpflegerin zeigte während der Corona-Pandemie auch gesellschaftliche Verantwortung und schloss sich der Stiftung »We Kick Corona« der männlichen Nationalspieler Joshua Kimmich und Leon Goretzka an. In Australien und Neuseeland wird hingegen ihre Verantwortung auf dem Platz wieder gefragt sein. ⚽

Merle Frohms

An ihrem ersten großen Titel hatte Merle Frohms entscheidenden Anteil. Im Juni 2012 stand die gebürtig aus Celle in Niedersachsen stammende Torhüterin für die U17-Nationalauswahl im Tor.

Im Finale der Europameisterschaft in der Schweiz parierte sie gleich zwei Schüsse von Endspielgegner Frankreich und sicherte dem Team von DFB-Trainerin Anouschka Bernhard den EM-Titel.

Im gleichen Jahr wechselte Frohms von Fortuna Celle in die Bundesliga. Beim VfL Wolfsburg kam Frohms allerdings nicht über sporadische Anteile und Einsätze hinaus, denn Nationaltorhüterin Almuth Schult hatte ihren Stammplatz zwischen den Pfosten sicher. Insgesamt zwölf Vereinstitel sammelte Frohms in dieser Zeit als Ersatztorhüterin, gewann je fünfmal Meisterschaft und Pokal sowie zweimal die Champions League. Da an Schult kein Vorbeikommen war, wechselte Frohms nach sechs Jahren innerhalb der Bundesliga zum SC Freiburg, wo sie Stammtorhüterin wurde und sich für das Nationalteam empfahl.

Timing bei Flanken verbessert

Doch im DFB-Tor war abermals Schult gesetzt, die erneut den Platz als Stammtorhüterin besetzt hielt. Letztendlich nutzte Frohms eine Babypause von Schult, um sich das Nationaltor zu ergattern. Ihre Reifeprüfung folgte für die U20-Weltmeisterin von 2014 dann bei der zurückliegenden Europameisterschaft in England. Schult war zwar nach der Geburt ihrer Zwillinge wieder in Topform, doch Bundestrainerin Martina Voss-Tecklenburg gab Frohms den Vorzug, die sich ihren Status über drei Jahre erarbeitet hatte. Viele Fans und Experten warteten nur auf einen Fehler von Frohms und einen Wechsel im Tor im Turnierverlauf. Doch Frohms avancierte als sicherer Rückhalt zu einer der besten Torhüterinnen der EM.

Wenige Wochen nach der Europameisterschaft stand Frohms dann nach ihrer Rückkehr auch als Nummer eins des VfL Wolfsburg zwischen den Pfosten. Schult war im Sommer 2022 aus der Auto-Stadt zum Angel City FC in die USA gewechselt. Für die WM muss sich Frohms um Schult keine Gedanken machen: Im Februar 2023 gab Schult bekannt, erneut schwanger zu sein. Parallel zu ihren Einsätzen im Nationaltor hat Frohms sich stetig weiterentwickelt und kaum noch Schwächen in ihrem Spiel. Insbesondere ihr Timing bei der Verteidigung von Flanken ist besser geworden. Fußballerisch gehört Frohms ohnehin zu den besten ihres Fachs. ⚽

Info

Geboren: 28. Januar 1995 in Celle, Niedersachsen
Position: Tor
Größe: 175 cm
Gewicht: 60 kg
Rückennummer: 1
Vereine: 2012–2018 VfL Wolfsburg (2012 bis 2018), SC Freiburg (2018 bis 2020), Eintracht Frankfurt (2020 bis 2022), VfL Wolfsburg (seit 2022)
Größte Erfolge: Vize-Europameisterin 2022, U20-Weltmeisterin 2014, U17-Europameisterin 2012, Deutsche Meisterin 2013, 2014, 2017, 2018, DFB-Pokal-Siegerin 2013, 2015, 2016, 2017, 2018, Champions-League-Siegerin 2013, 2014

Merle Frohms ist bei der Weltmeisterschaft in Neuseeland und Australien im Tor gesetzt.

Giulia Gwinn

Giulia Gwinn, hier im Finale der Europameisterschaft 2022, wurde vom beobachtenden Trainerstab der UEFA in die »Elf des Turniers« gewählt.

Info

Geboren: 2. Juli 1999 in Ailingen, Baden-Württemberg
Position: Abwehr
Größe: 171 cm
Gewicht: 61 kg
Rückennummer: 15 (Deutschland), 7 (FC Bayern München)
Vereine: SC Freiburg (2015 bis 2019), FC Bayern München (seit 2019)
Größte Erfolge: Vize-Europameisterin 2022, U17-Europameisterin 2016, Deutsche Meisterin 2021, Beste Nachwuchsspielerin der WM 2019

Die beste Nachricht zu Giulia Gwinn gab es im März 2023. Nach einem im Oktober des Vorjahres erlittenen Kreuzbandriss stieg die Mittelfeldspielerin des FC Bayern München wieder ins Lauftraining ihres Vereins ein.

Bundestrainerin Martina Voss-Tecklenburg bestätigte zwei Wochen später, dass sie Gwinn, sofern sie bis zur Weltmeisterschaft fit wäre, auf dem Zettel habe. Gleiches gelte für Stürmerin Linda Dallmann, die sich im Frühjahr 2023 das Syndesmoseband gerissen hatte und wochenlang ausfiel.

Bei der zurückliegenden Weltmeisterschaft 2019 in Frankreich avancierte Gwinn zum Shootingstar. Als Wirbelwind beackerte sie die rechte Außenbahn und erzielte das einzige deutsche Tor im WM-Auftaktspiel beim 1:0 über China. Die gebürtige Baden-Württembergerin stand in allen fünf WM-Spielen der deutschen Auswahl in der Startformation und wurde am Turnierende zur besten jungen Spielerin der Weltmeisterschaft gewählt. Gwinn ist frech und selbstbewusst, postet auf ihrem Instagram-Kanal, der über eine halbe Million Fans hat, häufig Fotos aus ihrem Privatleben.

Unfreiwillige Berühmtheit verlieh ihr Deutschlands Moderatoren-Legende Nummer eins. Nach der EM 2022, bei der Gwinn erneut durch starke Leistungen auffiel, war die Nationalspielerin bei Thomas Gottschalk und »Wetten, dass …?« zu Gast. Hier sprach sie der 72-Jährige mehrfach fälschlicherweise mit dem Vornamen »Giuliana« an. Giulia nahm den Fauxpas allerdings mit Humor und ließ sich den Abend in Friedrichshafen, unweit ihres Heimatortes Ailingen, nicht vermiesen.

Bitter ist allerdings, dass Gwinn in ihrer Karriere noch viel weiter sein könnte. Bereits 2020 riss sie sich zum ersten Mal das Kreuzband und kehrte nach einem Jahr Pause zurück. Im Vorfeld der WM arbeitete sie mit 23 Jahren abermals an einem Comeback nach einem Kreuzbandriss. Ihr Lebensgefährte Constantin Frommann, selbst einst ein großes Fußballtalent und Junioren-Nationalspieler, musste seine Karriere erst im Januar 2023 aus gesundheitlichen Gründen im Alter von nur 24 Jahren bei Viertligist SV Meppen beenden. Die deutschen Fans hoffen, dass Gwinn rechtzeitig zur Weltmeisterschaft fit wird und danach fit bleibt. Dann steht ihr noch ein langer und erfolgreicher Karriereverlauf bevor. ⚽

Klara Bühl

Um den Lohn für ihre Leistungen einzustreichen, benötigte sie nur vier Spiele. Bei der zurückliegenden Europameisterschaft stand Klara Bühl in den ersten vier Partien in der Startelf und steuerte das wichtige 1:0 im zweiten Gruppenspiel gegen Spanien bei.

Dann aber setzte sie eine Corona-Infektion außer Gefecht und die bis dahin in vorderster Spitze aufgestellte Bühl verpasste den Rest des Turniers. Trotzdem wurde sie von der UEFA in die »Elf der EM 2022« gewählt.

Schon früh hatte Bühl in ihrer jungen Karriere eine Auszeichnung erhalten. 2019 wurde die Offensivspielerin mit der Fritz-Walter-Medaille in Gold als beste Nachwuchsfußballerin ausgezeichnet. Titel auf dem Platz hat Bühl auch schon gefeiert. Sie gehörte zur U17-Juniorinnen-Nationalauswahl, die 2016 die Europameisterschaft unter Trainerin Anouschka Bernhard in Belarus gewann.

Mit Anfang 20 im Nationalteam schon fest etabliert: Im Sommer 2023 spielt Klara Bühl in Australien und Neuseeland bereits ihre zweite Weltmeisterschaft.

Info 🇩🇪

Geboren: am 7. Dezember 2000 in Haßfurth, Bayern
Position: Sturm/Mittelfeld
Größe: 172 cm
Gewicht: 64 kg
Rückennummer: 19 (Deutschland), 17 (FC Bayern München)
Vereine: SC Freiburg (2016 bis 2020), FC Bayern München (seit 2020)
Größte Erfolge: U17-Europameisterin 2016, Deutsche Meisterin 2021, Fritz-Walter-Medaille in Gold 2019, Vize-Europameisterin 2022

Drei Tore steuerte Bühl damals zum Erfolg im Turnierverlauf bei. Mit Bayern München wurde sie 2021 erstmals Deutsche Meisterin.

Ein ungewöhnliches Hobby

Geboren im unterfränkischen Haßfurth, wuchs sie im Schwarzwald auf und fing bei der SpVgg Untermünstertal mit dem Fußball an, ehe sie bereits als Zwölfjährige in den Nachwuchs des SC Freiburg wechselte. Mit gerade einmal 15 Jahren debütierte sie im September 2016 für die Breisgauerinnen in der Bundesliga, seit 2020 spielt sie für den FC Bayern München. Die großen Stärken Bühls liegen in ihrem Antritt und Tempo. Hinzu kommt noch immer ihr Spielwitz und ihre Unbekümmertheit, beides hat sie sich auch mit An-

fang 20 bewahrt. Sie ist top im Dribbling und in Eins-gegen-eins-Duellen kaum vom Ball zu trennen. So unbekümmert sie auf dem Platz ist, so stabil ist sie in ihrem Privatleben. Bereits seit fünf Jahren ist sie mit dem Webdesigner Simeon Stiefvater zusammen, den sie aus ihrem Heimatort Untermünstertal mit nach München gebracht hat.

Bei der Weltmeisterschaft ist Bühl nicht nur als Führungsspielerin auf dem Feld gefragt, auch ihren Einfluss auf das Team will sie geltend machen. Die Team-Chemie ist ihr wichtig, sie organisiert gemeinsame Aktivitäten. Um abzuschalten hat sie aber auch ein ungewöhnliches Hobby: Neben guter Musik zum Hören oder einem guten Buch zum Lesen häkelt Bühl gerne. ⚽

Lea Schüller

Der Schock saß tief. Nach dem erfolgreichen Auftakt gegen Dänemark bei der EM 2022, bei dem Lea Schüller zum 4:0 einen Treffer beisteuerte, wurde die DFB-Kickerin positiv auf Corona getestet.

Erst im Finale kehrte Schüller wieder ins Team zurück, blieb beim 1:2 gegen England aber überraschend unauffällig. Überraschend, weil die 25-Jährige seit zwei Jahren Tore am Fließband produziert und kaltschnäuzig fast jede ihrer Chancen verwertet.

Sportlich befindet sich die Stürmerin des FC Bayern auf dem Höhepunkt ihres Schaffens, wurde 2022 Torschützenkönigin in der Bundesliga und von Deutschlands Sportjournalisten noch während der Europameisterschaft zur Fußballerin des Jahres gekürt. »Das gab mir einen Megapush«, gestand sie in einem Interview auf der Webseite der Bayern. Mit 15 Toren im Rahmen der WM-Qualifikation war Schüller außerdem die mit Abstand torgefährlichste deutsche Spielerin, international traf in diesem Rahmen nur Belgiens Tessa Wullaert häufiger.

Ein Ritual ist ihr wichtig

Schüller ist eine Vollblutstürmerin mit herausragendem Zug zum Tor. Sie strahlt dabei mit links und rechts sowie mit dem

Info

Geboren: 12. November 1997 in Tönisvorst, Nordrhein-Westfalen
Position: Sturm
Größe: 173 cm
Gewicht: 62 kg
Rückennummer: 7 (Deutschland), 11 (FC Bayern München)
Vereine: SGS Essen (2013 bis 2020), FC Bayern München (seit 2020)
Größte Erfolge: Vize-Europameisterin 2022, Deutsche Meisterin 2021, Bundesliga-Torschützenkönigin 2022, Fußballerin des Jahres 2022

Lea Schüller (7) bejubelt ihr Tor zum 2:0 gegen Dänemark im ersten Gruppenspiel bei der EM 2022. Eine Covid-Erkrankung verhindert weitere Torerfolge.

Kopf Torgefahr aus. Erst im November 2022 hat Schüller ihren Vertrag in München bis 2026 verlängert. »Es schüllert« also weiter beim Deutschen Meister von 2021, ein geflügelter Begriff, der an die großen Bayern-Spieler Gerd und Thomas Müller angelehnt ist und bei deren Torerfolgen man von »es müllert« spricht.

Neben dem Fußballplatz fällt die Studentin für Wirtschaftsingenieurwesen, die Männer-Nationalspieler Marco Reus ihr Vorbild nennt, hingegen weniger auf. Sie ist humorvoll, aber kein Lautsprecher, sportlich stets fokussiert. Als Ritual achtet Schüller darauf, den Fußballplatz immer zuerst mit dem linken Fuß zu betreten. Bei der WM wird Bundestrainerin Martina Voss-Tecklenburg eine Schüller in Topform benötigen. Privaten Zuspruch muss sie sich allerdings am Telefon einholen. Ihre Lebensgefährtin Lara Vadlau nimmt selbst an einer Weltmeisterschaft teil. Die Österreicherin segelt zeitgleich im niederländischen Den Haag um einen WM-Titel und um ein Olympia-Ticket. ⚽

Lena Oberdorf

Eine ganz persönliche Wertschätzung der Bundestrainerin erhielt Lena Oberdorf bei der zurückliegenden Wahl zur Weltfußballerin des Jahres 2022.

Martina Voss-Tecklenburg, die als Trainerin einer A-Nationalauswahl stimmberechtigt war, setzte ihre junge Führungsspielerin auf Platz eins vor DFB-Teamkameradin Alexandra Popp. Ob Voss-Tecklenburg Oberdorf bei ihrer Bewertung einen kleinen Bonus gewährte, weiß die Bundestrainerin nur selbst. Die Art wie sie über Oberdorf spricht, lässt das aber nicht vermuten: »Sie lernt permanent dazu, sie ist nie zufrieden mit sich. Das zeichnet sie aus. Sie coacht, setzt Zeichen, sie liebt die Art, wie sie selbst

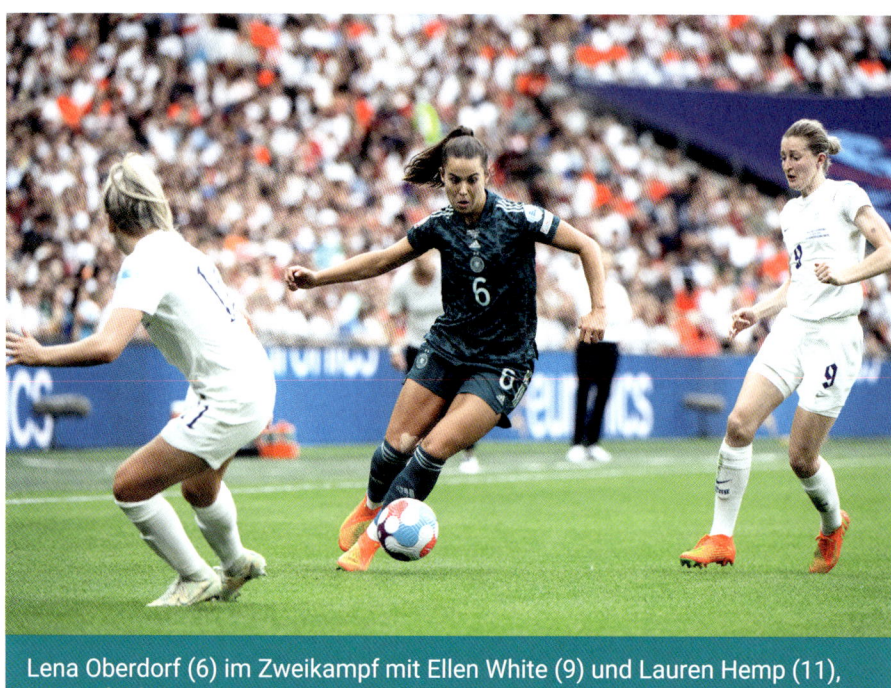

Lena Oberdorf (6) im Zweikampf mit Ellen White (9) und Lauren Hemp (11), im Finale der UEFA Frauen-Europameisterschaft 2022 im Wembley-Stadion.

Info 🇩🇪

Geboren: 19. Dezember 2001 in Gevelsberg, Nordrhein-Westfalen
Position: Mittelfeld
Größe: 174 cm
Gewicht: 68 kg
Rückennummer: 6 (Deutschland), 5 (VfL Wolfsburg)
Vereine: SGS Essen (2018 bis 2020), VfL Wolfsburg (seit 2020)
Größte Erfolge: Vize-Europameisterin 2022, U17-Europameisterin 2017, Deutsche Meisterin 2022, DFB-Pokalsiegerin 2021, 2022, Beste Spielerin der U-17-Europameisterschaft 2017, Fritz-Walter-Medaille: Gold (2020), Silber (2019), Bronze (2018), Beste Nachwuchsspielerin der Europameisterschaft 2022

spielt, kann sich auch mal selbst feiern. Und das ist großartig«, schwärmte MVT während der EM 2022 über ihre Strategin.

Rückblick: Caroline Simon blieb zur Pause in der Kabine. Bei der Rückkehr auf das Fußballfeld kam Lena Oberdorf mit ihren Kolleginnen aus den Stadionkatakomben. Beim ersten deutschen Vorrundenspiel der Weltmeisterschaft 2019 wurde Oberdorf in der 46. Spielminute gegen China beim Stand von 0:0 eingewechselt. Mit einem Alter von 17 Jahren, fünf Monaten und 20 Tagen avancierte Oberdorf damit zur jüngsten deutschen WM-Spielerin aller Zeiten und brach damit den Rekord, den zuvor Sturmlegende Birgit Prinz innehatte.

»Mit ihr wollten wir unsere physische Präsenz stärken«, sagte Voss-Tecklenburg zu ihrer Entscheidung, die damals noch Minderjährige einzuwechseln. In der ersten Halbzeit hatten die Chinesinnen der deutschen Elf mit Härte und Einsatz

zugesetzt. Vielsagend sprach die Bundestrainerin weiter: »Und wenn wir so ein Thema mit unserer jüngsten Spielerin angehen können, sagt das wohl einiges über Lena aus.« Deutschland gewann den WM-Auftakt vor vier Jahren durch ein Tor von Giulia Gwinn mit 1:0.

Vielseitigkeit ist eine der Stärken

Die größte Stärke Oberdorfs ist damit schon gut auf den Punkt gebracht. Die bei der WM in Australien und Neuseeland 21-Jährige überzeugt mit physischer und mentaler Stärke. Mit ihrer Übersicht und ihrem exzellenten Stellungsspiel verfügt Oberdorf über eine große fußballerische Intelligenz. Zudem ist sie bescheiden, ordnet sich stets dem Teamgedanken unter und ist vielseitig einsetzbar. In der Nationalauswahl spielt sie meist auf »Sechs« im defensiven Mittelfeld, kann aber auch in der Abwehr eingesetzt werden. Erfahrung sammelte sie in ihrer Jugend aber auch schon weiter vorne auf der »Acht« oder der »Zehn«. Sogar als Torhüterin hat sie in ihrer Vergangenheit schon gespielt.

Geboren wurde Oberdorf im Dezember 2001 im nordrhein-westfälischen Gevelsberg. Ihre ersten fußballerischen Erfahrungen sammelte sie beim TuS Ennepetal, ehe sie sich zur D-Jugend der TSG Sprockhövel anschloss. 2018 erfolgte der Wechsel zur SGS Essen, für die Oberdorf am 9. September des gleichen Jahres im DFB-Pokal gegen den SV Henstedt-Ulzburg debütierte. Eine Woche später feierte die damals 16-Jährige auch ihre Premiere in der Bundesliga gegen den MSV Duisburg. Das Besondere: In beiden Partien, die die SGS beide gewann, traf Oberdorf jeweils doppelt.

Beste Nachwuchsspielerin

Zu diesem Zeitpunkt war Oberdorf bereits U17-Europameisterin und als beste Spielerin des Turniers in Tschechien ausgezeichnet worden. Dreimal wurde sie im Verlauf der folgenden Jahre mit der Fritz-Walter-Medaille ausgezeichnet, 2020 in Gold. In dem Jahr wechselte sie innerhalb der Bundesliga zum VfL Wolfsburg, gewann am Saisonende den DFB-Pokal und holte 2022 das nationale Double mit den Niedersachsen. Bei der zurückliegenden Europameisterschaft zählte Oberdorf zu den festen Säulen der DFB-Auswahl, verpasste lediglich das dritte Vorrundenspiel gegen Finnland aufgrund einer Gelbsperre. Nach dem Turnier wurde sie zur besten Nachwuchsspielerin der EM gewählt.

Zu den wichtigsten Menschen in Oberdorfs Leben gehört neben ihren Eltern, die sie regelmäßig besucht, ihr fünf Jahre älterer Bruder Tim, der seit 2021 als Profi bei Zweitligist Fortuna Düsseldorf unter Vertrag steht. Oberdorf, die nicht viel

Mit Lena Oberdorf – die ohne eigenen Treffer blieb – gewinnt das deutsche Team ein Freundschaftsspiel gegen Frankreich am 7. Oktober 2022 mit 2:1.

über ihr Privatleben an die Öffentlichkeit kommen lässt, gibt gerne Geld für neue Pullover aus, mag die Schauspielerin Jennifer Aniston und bewundert die dänische Fußballerin Sofie Svava. Außerdem liebt sie ihren Hund Rookie, der allerdings bei ihren Eltern lebt und mit dem sie daher nur auf Heimatbesuch Zeit verbringen kann.

Auch philosophisch trat Oberdorf schon in Erscheinung. Ihr Spruch »Frauenfußball, Männerfußball – es ist ein Fußball« wurde 2022 beim Deutschen Fußball-Kulturpreis zum Fußballspruch des Jahres. Noch viel mehr weiß aber Voss-Tecklenburg zu prognostizieren: »Wenn sie gesund bleibt, steht ihr eine große Zukunft im Fußball bevor.« ⚽

Jule Brand

Hoch gewachsen und trotzdem wendig, weiß sie ihre körperlichen Vorteile auf dem Platz auszunutzen.

Für ihr erfolgreiches Debüt im Trikot der deutschen Nationalauswahl benötigte Jule Brand beim 5:2 im Testspiel im April 2021 gegen Australien nur gute zwei Minuten. In der 59. Minute wurde die schnelle Außenspielerin für Tabea Waßmuth eingewechselt und legte sich den Ball kurz darauf an Gegenspielerin Clare Polkinghorne, die mit dem Tempo der jungen Deutschen offenbar nicht gerechnet hatte, vorbei. Aus spitzem Winkel schob sie den Ball mit links an Australiens Torfrau Lydia Williams vorbei ins lange Eck zum Zwischenstand von 3:0.

Damit sind die Stärken des »Golden Girls« von 2022 bereits gut zusammengefasst. Brand kommt über ihre Schnelligkeit, geht gern in Eins-gegen-eins-Duelle und hat einen starken linken Fuß. Zudem lebt die Rheinland-Pfälzerin ihren Kindheitstraum. Bereits früh eiferte sie ihrem Bruder Felix nach und folgte ihm auf den Fußballplatz – stets mit dem Ziel, es einmal als Fußballerin nach ganz oben zu schaffen. Ihr ein Jahr älterer Bruder steht seit 2021 beim FSV Zwickau in der 3. Liga unter Vertrag. Die italienische Sportzeitung Tuttosport zeichnet jährlich Europas beste Fußballerin unter 21 Jahren als »Golden Girl« aus.

Seit ihrem Debüt ist Brand aus der deutschen Auswahl nicht mehr weg-

Info

Geboren: 16. Oktober 2002 in Germersheim, Rheinland-Pfalz
Position: Mittelfeld
Größe: 177 cm
Gewicht: 68 kg
Rückennummer: 22 (Deutschland), 26 (VfL Wolfsburg)
Vereine: 1899 Hoffenheim (2018 bis 20222), VfL Wolfsburg (seit 2022)
Größte Erfolge: Vize-Europameisterin 2022, U17-Europameisterin 2019, Fritz-Walter-Medaille 2021 (Gold), Golden Girl 2022

zudenken. So wurde die U17-Europameisterin von 2019 bei der zurückliegenden EM in allen sechs Partien eingesetzt. Seit dem Sommer 2022 spielt Brand nach vier Jahren bei 1899 Hoffenheim für den VfL Wolfsburg. Ihr Heimatverein ist der FV Dudenhofen, für den sie bei den Junioren spielte, ehe sie über die JSG JFV Ganerb im Mädchenteam des FC Speyer 09 landete.

Mit Ehrgeiz Titel gewinnen

Privat bezeichnet sich Brand als »cool« und »entspannt«, wie sie dem Videokanal des VfL Wolfsburg verriet. Außerhalb des Fußballs verbringt Brand gerne Zeit mit Freunden beim Frühstücken oder Brunchen. Sie schaut und spielt auch gerne Basketball. Auf dem Platz ist Brand hingegen alles andere als entspannt. Mit ihrem Ehrgeiz möchte sie so viele Titel wie möglich gewinnen. In Australien und Neuseeland kann sie im Sommer dabei helfen. ⚽

Jule Brand (22) fliegt der französischen Torhüterin Peyraud-Magnin davon, ohne Torerfolg. Beim 2:1 Sieg am 09.10.2022 trifft dafür Alexandra Popp doppelt.

Lina Magull

Sie hielt den Fuß zur Direktabnahme hin. Der Treffer zum zwischenzeitlichen 1:1 im zurückliegenden EM-Finale in Wembley gegen England führte für den Moment eines Ballkontaktes alles zusammen, was Lina Magull für die Nationalauswahl ausmacht.

Insbesondere in wichtigen Spielen ist die 28-Jährige zur Stelle, als Offensivspielerin geht sie voran und lässt mit ihrer technischen Klasse schwere Treffer einfach aussehen. Teamkollegin Tabea Waßmuth hatte ihr den Ball von rechts an die Ecke des Fünfmeterraums durchgesteckt, die in die Schnittstelle gelaufene Magull setzte das Spielgerät mit einer hauchzarten Bewegung aus dem linken Fußgelenk volley unter die Latte des kurzen Ecks. Deutschland verlor am Ende trotz des wunderschönen Treffers mit 1:2.

Schon 2019 hatte Magull beim Viertelfinalaus bei der letzten Weltmeisterschaft gegen Schweden getroffen. Damals kam das Zuspiel von Sara Däbritz in den Strafraum. Der schwierig zu verarbeitende Ball sprang etwas zu hoch bei der Annahme ab, doch dann legte sich die nur 1,66 Meter große Mittelfeldspielerin quer in die Luft und brachte Deutschland mit einem Seitfallzieher in Führung. Doch auch damals lautete das Endergebnis 1:2 aus deutscher Sicht. Magull hat somit sowohl bei einer WM als auch bei einer EM das letzte deutsche Tor erzielt. 2023 darf der letzte Treffer gerne zum Titel führen, denn auf einen großen Erfolg im DFB-Trikot muss Magull bereits seit 2014 warten. Damals führte sie die U20-Auswahl als Kapitänin zum WM-Triumph in Kanada.

Überhaupt waren ihre frühen Karrierejahre ihre erfolgreichsten. Bereits 2013, mit gerade einmal 18 Jahren, gewann sie das Triple aus Deutscher Meisterschaft, DFB-Pokal und Champions-League mit dem VfL Wolfsburg. Seit 2018 hat Magull ihre Heimat beim FC Bayern München gefunden. Und man glaubt ihr, dass ihr Herz schon als Kind für den FC Bayern schlug, auch wenn sie in Dortmund geboren ist und in ihrer Jugend Heimspiele des BVB besucht hat. Von ihrem Privatleben gibt die ausgebildete Bürokauffrau und zertifizierte Ernährungsberaterin nicht viel preis, doch das mag ihr der Fan verzeihen, wenn sie weiterhin so schöne und wichtige Tore für Deutschland erzielt. ⚽

Info

Geboren: 15. August 1994 in Dortmund, Nordrhein-Westfalen
Position: Mittelfeld
Größe: 166 cm
Gewicht: 58 kg
Rückennummer: 20 (Deutschland), 16 (FC Bayern München)
Vereine: FSV Gütersloh 2009 (2010 bis 2012), VfL Wolfsburg (2012 bis 2015), SC Freiburg (2015 bis 2018), FC Bayern München (seit 2018)
Größte Erfolge: Vize-Europameisterin 2022, U-20-Weltmeisterin 2014, Champions-League-Siegerin 2013, 2014, Deutsche Meisterin 2013, 2014, 2021, DFB-Pokalsiegerin 2013, 2015

Rachel Daly (17) wird bei der EM in England in allen sechs Spielen ihres Teams eingesetzt und beendet das Turnier mit dem ersten EM-Titel für England.

TEAMS & GRUPPEN

GRUPPE A
Neuseeland
Norwegen
Philippinen
Schweiz

GRUPPE E
USA
Vietnam
Niederlande
Portugal

GRUPPE B
Australien
Irland
Nigeria
Kanada

GRUPPE F
Frankreich
Jamaika
Brasilien
Panama

GRUPPE C
Spanien
Costa Rica
Sambia
Japan

GRUPPE G
Schweden
Südafrika
Italien
Argentinien

GRUPPE D
England
Haiti
Dänemark
China

GRUPPE H
Deutschland
Marokko
Kolumbien
Südkorea

Mindestens der erste Sieg

Bei der Weltmeisterschaft im eigenen Land soll es endlich klappen. Bei der sechsten Teilnahme an einer WM-Endrunde will Neuseeland den ersten Sieg einfahren. Als Gruppenkopf gesetzt, hoffen die »Fußball-Farne« sogar auf mehr.

B islang schieden neuseeländische Auswahlteams stets als Gruppenletzter bei WM-Turnieren aus, in insgesamt 15 bisherigen WM-Partien gelangen insgesamt erst drei Unentschieden.

Umso größer war die Freude bei der Premiere. 2011, bei der Weltmeisterschaft in Deutschland, waren die neuseeländischen Fußball-Frauen nach zwei Niederlagen gegen Japan und England bereits ausgeschieden, gegen Mexiko lag das Team des damaligen Nationaltrainers John Herdman (England) bereits mit 0:2 zurück. Dann gelang den Neuseeländerinnen ein später Doppelschlag: Erst traf

Kapitänin Rebecca Smith in der 90. Minute zum Anschluss, dann glich Hannah Wilkinson (90.+4) noch aus. Spielerinnen, wie die Verteidigerin Abby Erceg, zogen wie im Wahn ihre Trikots aus und feierten im Sport-BH mit den Fans. Endlich hatten die Neuseeländerinnen ihren ersten WM-Punkt geholt.

Vier Jahre später folgten sogar zwei Unentschieden gegen Kanada und China, die beide im Turnierverlauf noch ins Viertelfinale vorstoßen sollten. Wenn nicht jetzt bei der Heim-WM, wann soll dann der erste Dreier bei einer WM-Endrunde eingefahren werden? Hannah Wilkinson könnte auch vier Jahre später im

WM-Kader stehen. Die Stürmerin ist zu Turnierbeginn 31 Jahre alt und gehört mit 27 Toren* für die Nationalauswahl zu den erfolgreichsten Torschützinnen der Verbandsgeschichte. Lediglich Sarah Gregorius, Wendy Sharpe (beide 34 Tore) und Neuseelands Fußball-Legende Amber Hearn (54 Tore) trafen häufiger.

Für viele der aktuellen Nationalspielerinnen ist die Heim-WM aber auch der letzte Aufgalopp. Das Nationalteam steht nach dieser Weltmeisterschaft vor einem Umbruch. Viele Säulen des Teams haben das Alter von 30 Jahren längst überschritten. Rekordnationalspielerin Ria Percival von Tottenham Hotspur ist bereits 33

Neuseeland

Konföderation: OFC
Spitzname: Swans (Schwäne) und Football Ferns (Fußball-Farne)
Titel: Asienmeister 1975, Ozeanienmeister 1983, 1991, 2007, 2010, 2014 und 2018
Bestes WM-Ergebnis: Vorrunde 2015 (4. der Gruppe A, 2 Punkte, 2:3 Tore)
Trainerin: Jitka Klimková (Tschechische Republik/seit Sept. 2021)
Aktuelle Topspielerinnen: Erin Nayler (Torhüterin/IFK Norrköping), Ali Riley (Abwehr/Angel City FC), Paige Satchell (Sturm/Wellington Phoenix)
Rekordspielerin: Ria Percival (seit 2007, 161 Spiele*)
Rekordtorschützin: Amber Hearn (2005 bis 2018, 54 Tore)

*zu Jahresbeginn 2023

Jahre alt und hofft auf eine Nominierung, Kapitänin Ali Riley (Angel City FC) zählt sogar 35 Lenze. Hinzu kommen die in der Offensive gesetzten Betsy Hassett (Wellington Phoenix) und Annalie Longo (Christchurch United), die zu Turnierstart beide bereits 32 Jahre alt sein werden, und Torfrau Erin Nayler (31 Jahre/IFK Norrköping). Die Hoffnungen der Zukunft ruhen auf Spielerinnen wie Ava Collins (St. John's Red Storm) oder Indiah-Paige Riley (Brisbane Roar), beide 21 Jahre alt. Vielleicht kann eine Spielerin der jungen Garde sich ja bereits bei der WM in den Vordergrund spielen.

Trainiert werden die Neuseeländerinnen seit September 2021 von Jitka Klimková aus der Tschechischen Republik. Die 48-Jährige hatte bereits von 2013 bis 2014 die U17-Juniorinnen Neuseelands trainiert und war dann in den Nachwuchsbereich des US-amerikanischen Fußball-Verbands gewechselt. Ihr Einstand verlief dabei durchaus kurios. Die strengen Richtlinien Neuseelands während der Corona-Pandemie hatten dazu geführt,

dass die Trainerin lange Zeit in das Land ihres Arbeitgebers nicht einreisen durfte. Stattdessen hielt sie aus über 18.000 Kilometer Entfernung hauptsächlich über das Internet Kontakt zu ihren Spielerinnen. Klimková wünscht sich von ihren Spielerinnen, dass sie den Ball in der Offensive kontrollieren können und in der Defensive kompakt stehen. In einem Interview mit dem Weltverband FIFA gab Klimková die Devise vor: »Gegen wen auch immer wir antreten, Neuseeland wird ein Team sein, das auf Sieg spielt.«

Konkurrenzlos dank Australien

Auf Sieg spielten die Neuseeländerinnen bereits 1975. Als der asiatische Kontinentalverband eine Einladung aussprach mit einem Frauenteam an der Asienmeisterschaft teilzunehmen, gründete ein Zusammenschluss aus mehreren Regionalverbänden die New Zealand Women's Soccer Association. Gleich im ersten Länderspiel am 25. August 1975 wurde Hongkong mit 2:0 geschlagen. Nach weiteren Siegen gegen Malaysia, Australien und im Finale gegen Thailand gewann Neuseeland bei der ersten Teilnahme an einem internationalen Turnier sofort den Titel. Es folgten in den Jahren sechs kontinentale Meisterschaften Ozeaniens. Dass Neuseeland die Ozeanien-Meisterschaft zuletzt viermal in Folge gewann, hängt aber auch mit dem Anschluss Australiens an den asiatischen Fußballverband zusammen.

Während die »Fußball-Farne«, die auch den Namen »Schwäne« tragen, in Ozeanien konkurrenzlos sind, warten sie auf der Weltbühne noch auf den Durchbruch. Einen Sieg gab es bei Wettkämpfen aber doch: Bei den Olympischen 2012 schlug Neuseeland Kamerun mit 3:1 und zog damit ins Viertelfinale ein. Mit dem Erreichen des Viertelfinales wären sie auch bei dieser WM glücklich. ⚽

Foto links: Torhüterin Erin Nayler klärt im Spiel gegen die amtierenden Weltmeisterinnen aus den USA (Trikots rot/blau). Am Ende siegen die USA gegen Neuseeland 5:0 beim »SheBelieves Cup« am 20. Februar 2022 in Carson, Kalifornien.

Foto rechts: Die Tschechin Jitka Klimková wird im September 2021 zur Cheftrainerin der Swans, des neuseeländischen Frauenfußball-Nationalteams, ernannt.

Trainerin als Hoffnungsträgerin

Norwegens Sophie Román Haug (22) im Duell gegen Englands Torhüterin Ellie Roebuck (13) im November 2022 beim Testspiel in Murcia, Spanien.

Norwegen

Konföderation: UEFA
Spitzname: Gresshoppene (Heuschrecken)
Titel: Weltmeister 1995, Europameister 1987 und 1993, Olympiasieger 2000
Bestes WM-Ergebnis: Weltmeister 1995 (Sieg im Finale gegen Deutschland)
Trainerin: Hege Riise (Norwegen/seit 3. August 2022)
Aktuelle Topspielerinnen:
Maren Mjelde (Abwehr/FC Chelsea), Ada Hegerberg (Sturm/Olympique Lyon)
Rekordspielerin: Hege Riise (1990 bis 2004, 188 Spiele)
Rekordtorschützin: Isabell Herlovsen (2005 bis 2019, 67 Tore)

Der letzte Titelgewinn des norwegischen Frauen-Nationalteams ist bereits über 20 Jahre her. Bei den Olympischen Spielen 2000 von Sydney gelang Dagny Mellgren das entscheidende Tor zum 3:2 gegen Weltmeister USA.

Teamkapitänin war damals Hege Riise, die so nicht nur ihre Rückkehr an den Ort des letzten norwegischen Triumphs genießt, sondern als Nationaltrainerin auch ihr erstes großes Turnier erlebt. Wie es sich anfühlt, Weltmeisterin zu werden, weiß Riise, die wenige Tage vor Turnierbeginn ihren 54. Geburtstag feiert, nur zu gut. Beim einzigen WM-Titel der Norwegerinnen 1995 erzielte sie im Finale gegen Deutschland das richtungsweisende 1:0. Zum Ende ihrer aktiven Laufbahn wurde Riise zur besten Fußballerin Norwegens aller Zeiten gewählt. Es liegt also vor allem an der Trainerin, die einst so erfolgreiche europäische Fußballnation wieder zu altem Ruhm zu führen. Seit 1978 gibt es in Norwegen ein Frauen-Nationalteam, das auf seinen ersten Sieg ein Jahr warten musste, ehe in einem Testspiel gegen Nordirland der erste Erfolg gelang. Nachdem die Qualifikation zur ersten Europameisterschaft 1984 noch verpasst wurde, sprang bei der zweiten Austragung drei Jahre später gleich der Titel heraus. Ein weiterer EM-Titel sowie der Gewinn der WM und des olympischen Goldes folgten.

Chance auf den Gruppensieg

Bis 2013 zählten die Skandinavierinnen bei großen Turnieren mindestens zum erweiterten Favoritenkreis und stießen häufig bis ins Halbfinale vor. Doch seit der Niederlage im 2013er EM-Finale gegen Deutschland hat Norwegen den Anschluss an die Weltspitze verloren. Den Tiefpunkt stellte das Gruppenspiel bei der zurückliegenden EM gegen Gastgeber England dar. Das 0:8 war gleichzeitig die höchste Niederlage der eigenen Verbandsgeschichte. Die Qualifikation für die Weltmeister-

schaft gelang hingegen souverän. Riises Vorgänger Martin Sjögren, der nach dem Vorrundenaus bei der EM entlassen wurde, hatte den Weg schon bereitet, unter Riise gelang mit dem wichtigen 1:0 im September 2022 bei Verfolger Belgien die sichere Qualifikation. Einzig ein 0:0 gegen Polen verhinderte eine makellose Bilanz. In Australien und Neuseeland hofft Norwegen auf ein erfolgreiches Turnier und malt sich Chancen auf den Gruppensieg aus. Der Kader verfügt über eine gesunde Mischung aus Talent und Erfahrung. Die 33 Jahre alte Abwehrspielerin Maren Mjelde führt ihr Team als Kapitänin an, die Offensive ist gespickt mit internationalen Topspielerinnen wie Ingrid Syrstad Engen und Caroline Graham Hansen, die beide beim FC Barcelona spielen, oder auch Frida Maanum (FC Arsenal) und Ada Hegerberg (FC Lyon). ⚽

Auf dem Vormarsch

Schweiz 🇨🇭

Konföderation: UEFA
Spitzname: Nati
Titel: /
Bestes WM-Ergebnis: Achtelfinale 2015 (Aus gegen Kanada)
Trainerin: Inka Grings (Deutschland/seit 1. Januar 2023)
Aktuelle Topspielerinnen: Noëlle Maritz (Abwehr, FC Arsenal), Lia Wälti (Mittelfeld, FC Arsenal), Ana Maria Crnogorčević (Sturm, FC Barcelona)
Rekordspielerin: Ana Maria Crnogorčević (seit 2009, 141 Spiele*)
Rekordtorschützin: Ana Maria Crnogorčević (seit 2009, 70 Tore*)

*zum Ende der WM-Qualifikation

Pünktlich zum Start des WM-Jahres 2023 übernahm Deutschlands zweimalige Europameisterin Inka Grings das Nationalteam der Eidgenossinnen als Trainerin.

Zu diesem Zeitpunkt war die Qualifikation für die Weltmeisterschaft längst eingefahren. Erst zum zweiten Mal sind die Schweizerinnen bei einer WM-Endrunde dabei, bei ihrer Premiere 2015 erreichte die »Nati« gleich das Achtelfinale. Überhaupt löste sich der internationale Knoten mit dem damaligen WM-Debüt. Hatte sich die Schweiz zuvor nie für eine WM- oder EM-Endrunde qualifiziert, sind sie nun bereits beim vierten großen Turnier dabei. Die Schweizerinnen knipsten ihr Ticket auf die Südhalbkugel als Zweitplatzierte der Europa-Qualifikationsgruppe G hinter Italien.

Die K.o.-Phase scheint möglich

Im Rahmen der Quali gelang beim 15:0 über die Republik Moldau der höchste Sieg der Verbandsgeschichte. Mit Neuseeland als vermeintlich leichtesten Gruppenkopf macht sich die Schweiz Hoffnungen abermals die K.o.-Phase zu erreichen. ⚽

Das Team der Philippinen feiert den Gewinn der Ostasienmeisterschaft 2022.

Philippinen 🇵🇭

Konföderation: AFC
Spitzname: Filipinas (auch verwendet: Malditas)
Titel: Ostasienmeister 2022
Bestes WM-Ergebnis: Qualifikation für WM 2023
Trainer: Alen Stajcic (Australien/seit 26. Oktober 2021)
Aktuelle Topspielerinnen: Tahnai Annis (Mittelfeld, Þór/KA), Sarina Bolden (Sturm, Western Sydney Wanderers), Quinley Quezada (Sturm, Roter Stern Belgrad)
Rekordspielerin: nicht dokumentiert*
Rekordtorschützin: nicht dokumentiert*

*Der Fußballverband der Philippinen weist keine entsprechenden Statistiken aus.

Mit Erfolgsrezept zur WM–Premiere

Sarina Bolden hatte das Tor getroffen, und ein anderes geöffnet.

Die Offensivspielerin der Philippinen hatte bei den Asien-Meisterschaften 2022 im Viertelfinale gegen Chinesisch Taipeh (Taiwan) im Elfmeterschießen den entscheidenden Treffer zum 4:3 erzielt. Damit qualifizierten sich die Philippinen neben dem Halbfinaleinzug erstmals in ihrer Verbandsgeschichte für eine WM-Endrunde. Der Erfolg, 2022 gelang auch der erstmalige Gewinn der Ostasienmeisterschaft, hat dabei Konzept. Weltweit suchte der Verband nach Fußballerinnen mit philippinischen Wurzeln. Die Folge: Die Philippinen stellen einen der jüngsten Kader der Endrunde und eine Auswahl an Spielerinnen, die auf dem ganzen Erdball geboren wurden, im Ausland leben und spielen. So kommen Carleigh Frilles (21 Jahre zu Turnierbeginn) oder Isabella Flanigan (18) aus den USA, Mittelfeldspielerin Sara Eggesvik (26) stammt aus Norwegen. Kapitänin Tahnai Annis bildet mit 34 Jahren die große Ausnahme. ⚽

Hoffnung eines ganzen Kontinents

Die Weltmeisterschaft ist 2023 zur richtigen Zeit am richtigen Ort. Der Frauenfußball steckt auf dem fünften Kontinent mitten in einem Boom. Maßgeblich dafür verantwortlich ist die Frauen-Auswahl, die 2019 als beliebtestes australisches Nationalteam galt und bei den Olympischen Spielen 2020 in Tokio, die wegen der Corona-Pandemie erst 2021 ausgetragen wurden, Zuschauerrekorde in der Heimat brach.

Die australischen Spielerinnen bejubeln ihr Tor bei der 2:1-Niederlage gegen Kanada am 6. September 2022 in Sydney.

Auch ein Testspiel im November 2021 zog insgesamt 36.109 Fans ins Stadium Australia nach Sydney und stellte ebenfalls einen Rekord für die Matildas dar. Es ist davon auszugehen, dass bei der WM im eigenen Land die Euphorie einen weiteren Schub erhalten wird und neue Rekorde im Stadion wie auch vor den Bildschirmen erreicht werden.

Eine internationale Star-Spielerin, die so ein Boom zumeist benötigt, hat Australien mit Samantha Kerr ebenfalls in ihren Reihen. Die 30 Jahre alte Offensivakteurin spielt seit 2009 für ihr Land, ist mittlerweile australische Rekordtorschützin und zählt aktuell weltweit zu den besten Spielerinnen. Mit dem FC Chelsea gewann sie seit 2020 dreimal in Folge die englische Meisterschaft und wurde zudem 2021 Torschützenkönigin in der Liga sowie 2022 Torschützenkönigin der Women's Champions League. Bei der Wahl zur Weltfußballerin des Jahres 2021 wurde Kerr nur von der Spanierin Alexia Putellas geschlagen.

Trainer steht unter Erfolgsdruck

So liegen die Hoffnungen eines ganzen Kontinents auch auf den Schultern ihrer Star-Spielerin, gilt es für Australien doch zum ersten Mal bei einer Weltmeisterschaft mindestens das Halbfinale zu erreichen. Dreimal waren die Australierinnen bereits in einem WM-Viertelfinale vertreten, dreimal schieden die Gelb-Grünen in der Runde der letzten Acht dann aber auch aus. In diesem Jahr soll und kann es aber klappen, denn viele der Leistungsträgerinnen befinden sich im besten Fußballerinnen-Alter kurz vor dem 30. Lebensjahr und bringen so ausreichend Erfahrung mit. Topspielerinnen wie Vize-Kapitänin Steph Catley, Caitlin Foord oder Hayley Raso verdienen bei den besten Vereinen in England ihr Geld. Rekordnationalspielerin Clare Polkinghorne verleiht der Verteidigung mit ihrer Routine Stabilität. Für viele der Topspielerinnen wird es die letzte Weltmeisterschaft auf ihrem Leistungszenit sein. Das erste Ziel lautet in jedem Fall der Gruppensieg, dann würde Australien die Stadt Sydney bis zu einer möglichen Endspielteilnahme nicht mehr verlassen.

Verbandswechsel als Chance

Wie man bei Weltmeisterschaften erfolgreich ist, weiß vor allem Trainer Tony Gustavsson. Als Assistenztrainer der USA gewann er 2015 und 2019 den Titel. Auf das Glück an der Seitenlinie der australischen Fußball-Frauen muss er bislang allerdings warten. Bei den Olympischen Spielen von Tokio, als Gustavsson erstmals die Verantwortung bei einem Turnier trug, musste sich Australien trotz des Rückhalts in der Heimat nach Niederlagen gegen Schweden und die USA mit dem vierten Platz begnügen. Bei der zurückliegenden Asienmeisterschaft 2022 war überraschend bereits im Viertelfinale gegen Südkorea das Turnier beendet. Entsprechend steht Gustavsson bei dieser Weltmeisterschaft auch unter Erfolgsdruck.

Eine Zäsur für den australischen Fußball stellte der Wechsel der Konföderation im Jahr 2006 dar. Insbesondere um der Männer-Nationalmannschaft den Weg zu WM-Endrunden zu vereinfachen, verließ Australien die Ozeanien-Konföderation und schloss sich Asien an. Der Sieger der Ozeanien-Qualifikation musste auf dem

Weg zu einer WM zu diesem Zeitpunkt noch immer in einer Playoff-Runde gegen einen Vertreter aus Südamerika antreten und zog häufig den Kürzeren. Vom größeren Wettbewerb gegen bessere Gegner profitierten aber auch die australischen Frauen, die erst nach dem Wechsel nach zuvor dreimaligem Ausscheiden in den Vorrunden regelmäßig die K.o.-Phase bei WM-Turnieren erreichten.

Liedtitel als Namensgeber

Bereits 1974 wurde der australische Frauenfußball-Verband AWSA gegründet und nahm im darauf folgenden Jahr als Gastnation an der Asienmeisterschaft teil. Die Länderspiele der Female Socceroos, wie der Spitzname des Teams bis 1995 lautete, bei diesem Turnier wurden erst 2022 nachträglich offiziell anerkannt. Zuvor datierte das erste offizielle Länderspiel aus dem Jahr 1979 gegen Neuseeland. Heute lautet der offizielle Spitzname des Teams Matildas und ist an das aus dem Jahr 1895 stammende australische Volkslied »Waltzing Matilda« des Dichters Banjo Paterson angelehnt. ⚽

> »Jedes Mal, wenn man einen Rekord bricht, vor allem für sein Land, ist das ein tolles Gefühl.«
>
> Samantha Kerr

Der Schwede Tony Gustavsson ist seit September 2020 Trainer der Matildas. Der frühere Profifußballer arbeitet auch als Kommentator und Experte für verschiedene Fernsehsender.

Australien

Konföderation: AFC
Spitzname: Matildas
Titel: Ozeanienmeister 1994, 1998 und 2003, Asienmeister 2010
Bestes WM-Ergebnis: Viertelfinale 2007 (Aus gegen Brasilien), Viertelfinale 2011 (Aus gegen Schweden), Viertelfinale 2015 (Aus gegen Japan)
Trainer: Tony Gustavsson (Schweden/seit 29. Sept. 2020)
Aktuelle Topspielerinnen: Steph Catley (FC Arsenal), Samantha Kerr (FC Chelsea), Caitlin Foord (FC Arsenal)
Rekordspielerin: Cheryl Salisbury (1994 bis 2009) und Clare Polkinghorne (seit 2006, beide 151 Spiele)*
Rekordtorschützin: Samantha Kerr (seit 2009, 61 Tore)*

*zum Ende des Jahres 2022

Mit der besten Torschützin der Welt

Auf Rekordjagd: Christine Sinclair steht vor ihrer sechsten WM-Teilnahme.

Kanada

Konföderation: CONCACAF
Spitzname: Big Red (Großes Rot)
Titel: Nordamerikameister 1998 und 2010, Olympiasieger 2020
Bestes WM-Ergebnis: Vierter 2003 (Aus im Halbfinale gegen Schweden)
Trainerin: Beverly »Bev« Priestman (England/seit Oktober 2020)
Aktuelle Topspielerinnen: Kadeisha Buchanan (Abwehr, FC Chelsea), Ashley Lawrence (Abwehr, Paris Saint-Germain), Jessie Fleming (Mittelfeld, FC Chelsea)
Rekordspielerin: Christine Sinclair (seit 2000, 319 Spiele*)
Rekordtorschützin: Christine Sinclair (seit 2000, 190 Tore*)

*zum Ende der WM-Qualifikation

Den größten Erfolg ihrer Verbandsgeschichte feierten die kanadischen Frauen erst zwei Jahre vor Beginn der Weltmeisterschaft. Bei den Olympischen Spielen von Tokio holte das Team von Nationaltrainerin Bev Priestman im Finale gegen Schweden die Goldmedaille.

Es war nach zwei Kontinentaltiteln der erste große Triumph in einem internationalen Turnier. Dass das Glück den Kanadierinnen dabei vor allem vom Elfmeterpunkt hold war, spielte keine Rolle. Sowohl Brasilien im Viertelfinale als auch Schweden im Endspiel wurden erst im Elfmeterschießen geschlagen. Und auch beim 1:0 im Halbfinale gegen die USA sorgte ein Strafstoß für die Entscheidung.

Kanada ist seit 1995 bei jeder WM dabei. Seit der Jahrtausendwende bewegen sich die Nordamerikanerinnen dabei stetig im erweiterten Kreis der Favoriten, wenngleich nur 2003 der Sprung ins Halbfinale gelang. Nach zwei Vorrundenaus erreichten die Kanadierinnen zuletzt wieder zweimal die K.o.-Phase. Das

Olympiagold war zudem nach zuvor zwei Bronzemedaillen die dritte olympische Medaille in Folge. Auch bei dieser Weltmeisterschaft gehört Kanada mit seiner robusten Defensive und einigen spielstarken und durchsetzungsfähigen Spielerinnen davor wieder zu den Teams, gegen die kein Gegner gerne antritt.

Nur noch eine liegt vor ihr

Der kanadische Fußball ist dabei unweigerlich mit Christine Sinclair verbunden. Die zur WM 40 Jahre alte Stürmerin feierte im Jahr 2000 mit nur 17 Jahren beim Algarve Cup ihr Länderspieldebüt und wurde auf Anhieb erfolgreichste Torschützin ihrer Auswahl. Mit zum Jahreswechsel insgesamt 319 Länderspielen hat sie die mit Abstand meisten Einsätze al-

ler aktiven Spielerinnen weltweit. In der ewigen Rekordliste liegt nur noch die US-Amerikanerin Kristine Lilly (1987 bis 2010) mit 354 Einsätzen vor ihr.

Zudem ist Sinclair mit zu diesem Zeitpunkt 190 Länderspieltoren die erfolgreichste Torjägerin auf der Welt. Auch im fortgeschrittenen Sportlerinnenalter ist Sinclair aus der Nationalauswahl nicht wegzudenken, war sowohl bei den Olympischen Spielen wie auch beim zweiten Platz der Nordamerikameisterschaft 2022 Stammspielerin. Neben Sinclair, die vor ihrer sechsten WM-Endrunde steht, ist Jessie Fleming die größte internationale Star-Spielerin. Die zur Weltmeisterschaft 25-Jährige sorgte auch mit mehreren entscheidenden Toren für den Triumph von Tokio. ⚽

Zum ersten Mal dabei

Amber Barrett sorgte mit ihrem Tor zum 1:0 über Schottland in den Playoffs zur WM für irische Fußball-Geschichte.

Zum ersten Mal qualifizierte sich die Republik Irland für ein internationales Turnier, war zuvor weder bei einer Welt- noch bei einer Europameisterschaft oder den Olympischen Spielen dabei. Und doch konnte Barrett den historischen Moment nicht vollends genießen. Nach ihrem Treffer ging die Stürmerin von Bundesligist Turbine Potsdam aufs Knie und küsste ihr schwarzes Armband, das sie zum Gedenken trug. Nur wenige Tage vor dem historischen Moment als Sportlerin hatte eine Tankstellenexplosion in ihrer Heimatregion zehn Menschen aus dem Leben gerissen, darunter zwei Jugendliche und ein Kind. »Das ist für Creeslough, das ist für Donegal«, widmete Barrett das Tor dem Ort und der Region des Unglücks. Bei der WM-Endrunde geht Irland als großer Außenseiter an den Start, auch wenn im Rahmen der Qualifikation beim 11:0 über Georgien der höchste Sieg der Verbandsgeschichte gelang. ⚽

Das irische Frauenteam beim Gruppenfoto vor dem Qualifikationsspiel zur Euro 2022 gegen die Ukraine.

Afrikanischer Dauergast

Als einziges afrikanisches Team qualifizierte sich Nigeria bislang für jede WM-Endrunde. Zweimal gelang dabei der Sprung in die K.o.-Phase, in der die Nigerianerinnen 1999 im Viertelfinale erst durch ein Golden Goal an Brasilien scheiterten.

Kurios: Bei allen acht WM-Teilnahmen hatte Nigeria stets einen anderen Trainer. Auch diesmal befindet sich mit dem US-Amerikaner Randy Waldrum ein neuer Coach an der Seitenlinie. Nigeria gilt als die dominierende Fußball-Nation des afrikanischen Kontinents, gewann seit 1991 elfmal die Afrikameisterschaft. Ausgerechnet bei der jüngsten Teilnahme 2022 reichte es allerdings nur zum vierten Platz. Star des Teams ist die fünfmalige afrikanische Fußballerin des Jahres Asisat Oshoala. Rekordnationalspielerin Onome Ebi, die zum WM-Start 40 Jahre alt sein wird, winkt bei der WM die sechste Teilnahme an einer Endrunde, womit sie die erste Fußballerin Afrikas mit dieser Marke wäre. Ihr letzter Verein, Levante Las Planas aus Spanien, trennte sich im Januar 2023 allerdings von ihr. ⚽

Irland

Konföderation: UEFA
Spitzname: The Girls in Green (Die Mädchen in grün)
Titel: /
Bestes WM-Ergebnis: Qualifikation für WM 2023
Trainerin: Vera Pauw (Niederlande/seit 4. September 2019)
Aktuelle Topspielerinnen: Áine O'Gorman (Abwehr, Shamrock Rovers), Denise O'Sullivan (Mittelfeld, North Carolina Courage), Katie McCabe (Mittelfeld, FC Arsenal)
Rekordspielerin: Emma Byrne (1996 bis 2016, 126 Spiele)
Rekordtorschützin: Olivia O'Toole (1991 bis 2009, 54 Tore)

Nigeria

Konföderation: CAF
Spitzname: Super Falcons (Super-Falken)
Titel: Afrikameister 1991*, 1995*, 1998, 2000, 2002, 2004, 2006, 2010, 2014, 2016 und 2018
Bestes WM-Ergebnis: Viertelfinale 1999 (Aus gegen Brasilien)
Trainer: Randy Waldrum (USA/seit 5. Oktober 2020)
Aktuelle Topspielerinnen: Chiamaka Nnadozie (Torhüterin, Paris FC), Onome Ebi (Abwehr, vereinslos), Asisat Oshoala (Sturm, FC Barcelona)
Rekordspielerin: Onome Ebi (seit 2003, 104 Spiele)**/***
Rekordtorschützin: Perpetua Nkwocha (1999 bis 2015, 80 Tore)

*Die ersten beiden Afrikameisterschaften gelten als inoffizielle Turniere.
**Zum Ende der WM-Qualifikation
***Anzahl der Länderspiele nicht offiziell bestätigt

Spanien – Meuterei zur Unzeit

»Eine noch nie dagewesene Situation in der Geschichte des Fußballs« erschütterte den spanischen Frauenfußball im Herbst 2022. So schrieb es der spanische Fußball-Verband RFEF. Dabei könnte alles so schön sein.

Der spanische Frauenfußball befindet sich auf dem Höhepunkt seiner Entwicklung, der FC Barcelona sorgte für einen atemberaubenden Zuschauerrekord und mit Alexia Putellas stellt Spanien die aktuell zweifache Weltfußballerin. In Australien und Neuseeland zählt Spanien erstmals bei einer Weltmeisterschaft zum Favoritenkreis – eigentlich.

Denn im September 2022 kam es zu einer Meuterei. 15 Spielerinnen sollen in wortgleichen E-Mails an den spanischen Verband zeitgleich ihren Rücktritt aus der Nationalauswahl erklärt haben. Wie der RFEF beschrieb, beriefen sich die Spielerinnen auf eine »Situation«, die sie »erheblich beeinträchtige« und die Einfluss auf ihren »emotionalen Zustand« und ihre »Gesundheit« habe. Auch, wenn klare Forderungen wohl nicht formuliert wurden, ging es um Nationaltrainer Jorge Vilda. Kurzum: Die Spielerinnen wünschten sich einen Trainerwechsel.

Hoffen auf Versöhnung

Kurz darauf dementierten die Spielerinnen einen Rücktritt, wie die Nachrichtenagentur »Europa Press« berichtete. Doch da war der Schaden bereits perfekt. Der RFEF stärkte Trainer Vilda den Rücken, erklärte sich nicht »erpressen« zu lassen und schloss die Nationalteamtür für die betreffenden Spielerinnen, die erst wieder für Spanien würden spielen dürfen, wenn sie ihren »Fehler einsehen und sich entschuldigen« würden. Ob Verband, Trainer

> ### »Die einen haben den Ball, die anderen schießen das Tor.«
>
> Jorge Vilda, Trainer Spanien

und Spielerinnen noch bis zum Beginn der Weltmeisterschaft zusammenfinden, ist ungewiss. Beim im Februar 2023 ausgetragenen Nations-Cup-Vorbereitungsturnier in Australien ließ Vilda die Rebellinnen jedenfalls unberücksichtigt.

Damit ist bis zur Nominierung vollkommen ungewiss, mit welchem Kader die Spanierinnen an der Weltmeisterschaft teilnehmen werden. Sind Spielerinnen wie Sandra Paños, Patricia Guijarro, Aitana Bonmatí, Mariona Caldentey (alle FC Barcelona) und Leila Ouahabi (Manchester City) sowie Lucía García (Manchester United) dabei, dann gehört Spanien zu den Titelkandidaten. Andernfalls fährt Spanien mit einem sehr jungen Kader zur Weltmeisterschaft, der für höchste Ansprüche zu unerfahren ist. Bessere Chancen auf eine Nominierung hat dann aber die 24-jährige Bibiane Schulze. Die im hessischen Bad Soden geborene Innenverteidigerin hat baskische Wurzeln und wurde im Februar 2023 erstmals von Vilda nominiert, verpasste ihr Debüt aber mit einer Leistenverletzung.

Für die K.o.-Phase könnte es in der Gruppe C mit den beiden Außenseitern Costa Rica und Sambia auch mit einem Team aus Talenten reichen. Angeführt wird die Auswahl dann von der erfahrenen spanischen Rekordtorschützin Jennifer Hermoso, die zur Endrunde 33 Jahre alt ist. Ob Abwehrspielerin Irene Paredes dabei ist, die bei der EM 2022 Kapitänin war? Und wie sieht es mit Star-Spielerin Alexia Putellas aus? Beide gehörten nicht der Rebellion an. Putellas laborierte zu dem Zeitpunkt an den Folgen eines Kreuzbandrisses, der sie bereits die Europameisterschaft verpassen ließ. Allerdings ließ sich die 29-Jährige in einer

Der bei Teilen des Teams umstrittene Jorge Vilda durchlief vor seiner Trainer-Karriere als Spieler Junioren-Teams bei Real Madrid und dem FC Barcelona.

Sydney, 19. Februar 2023: Das spanische Team vor der Begegnung gegen WM-Gastgeber Australien. Spaniens junges Team verliert gegen die Matildas 2:1.

gemeinsamen Erklärung der Rebellinnen zitieren. Und Paredes wurde seitdem nicht mehr nominiert. Beide Spielerinnen stehen beim FC Barcelona unter Vertrag, wo ein Großteil der zurückgetretenen Spielerinnen spielt.

Meuterei gegen den Trainer hat bei den spanischen Frauen schon fast Tradition. Vildas Vorgänger Ignacio Quereda war seit 1988 im Amt. Nach dem Ausscheiden in der WM-Vorrunde 2015 forderten alle 23 WM-Fahrerinnen im Nachgang Queredas Entlassung, nach wohlgemerkt 27 Jahren auf dem Trainerstuhl. Quereda kam dieser mit seinem Rücktritt zuvor. Dabei hatte sich Spanien 2015 überhaupt zum ersten Mal für eine WM-Endrunde qualifiziert. Ein Indiz der Entwicklung des spanischen Frauenfußballs. Gehörte

Spanien mit Ausnahme einer Halbfinalteilnahme bei der Europameisterschaft 1997 eher zu den Exoten auf internationalem Parkett, ist eine spanische Auswahl in Bestbesetzung einer der Turnierfavoriten in diesem Jahr.

Die Fans der »La Furia Roja« hoffen jedenfalls auf eine Versöhnung und zeigten ihre Stärke im Frühjahr 2022. Zum Viertelfinalduell in der Women's Champions League zwischen dem FC Barcelona und Real Madrid strömten 91.600 Fans ins Camp Nou. Damit setzten die spanischen Fans einen Weltrekord für den Frauenfußball und übertrumpften die Kulisse vom WM-Finale von 1999 zwischen den USA und China im amerikanischen Pasadena, das 90.200 Menschen live im Stadion verfolgt hatten. ⚽

Spanien

Konföderation: UEFA
Spitzname: La Selección (Die Auswahl), La Furia Roja (Die rote Furie)
Titel: /
Bestes WM-Ergebnis: Achtelfinale 2019 (Aus gegen die USA)
Trainer: Jorge Vilda Rodríguez (Spanien, seit 1. Juli 2015)
Aktuelle Topspielerinnen: Irene Paredes (Abwehr, FC Barcelona), Alexia Putellas (Mittelfeld, FC Barcelona), Jennifer Hermoso (Sturm, CF Pachuca)
Rekordspielerin: Alexia Putellas (seit 2013, 100 Spiele*)
Rekordtorschützin: Jennifer Hermoso (seit 2011, 46 Tore*)

*zum Jahresende 2022
*zum Ende der WM-Qualifikation

Sehnsucht nach den Goldenen Jahren

WM 2019 in Frankreich: Emi Nakajima im Gruppenspiel gegen England.

Japan

Konföderation: AFC
Spitzname: Nadeshiko Japan (Sinnhaft übersetzt: Ideale Japanerin)
Titel: Weltmeister 2011, Asienmeister 2014 und 2018, Ostasienmeister 2008, 2010, 2019 und 2022
Bestes WM-Ergebnis: Weltmeister 2011 (Finale gegen USA)
Trainer: Futoshi Ikeda (Japan/ seit 1. Oktober 2021)
Aktuelle Topspielerinnen: Saki Kumagai (Abwehr, Bayern München), Fuka Nagano (FC Liverpool), Yui Hasegawa (Manchester City)
Rekordspielerin: Homare Sawa (1993 bis 2005, 215 Spiele)
Rekordtorschützin: Homare Sawa (1993 bis 2005, 83 Tore)

Es war ein langer Anlauf. Aber am 17. Juli 2011 wurden die Fußballfrauen Japans für ihre großen Anstrengungen belohnt. Zum ersten Mal in der Fußballgeschichte gewann eine asiatische Nation die Weltmeisterschaft.

Es war der Anfang einer goldenen Ära, in der die Japanerinnen der Weltspitze angehörten. Auf den WM-Titel folgte olympisches Silber in London 2012, die erstmaligen Siege bei den Asienmeisterschaften 2014 und 2018 und der Vizeweltmeistertitel 2015.

Die Weltmeisterschaft 2011 stellte aber auch das Ende einer langen Durststrecke dar, auf der Japan zuvor dreimal in Folge in WM-Vorrunden ausgeschieden war. Zudem hätten die Folgen der »Verlorenen Dekade«, das in Japan Stichwort für die wirtschaftliche Stagnation der Neunziger Jahren ist, fast das finanzielle Ende der L. League bedeutet, der höchsten japanischen Frauenfußballklasse. Nicht zuletzt errangen die Japanerinnen den WM-Titel 2011 im Schatten der Tsunami-Katastrophe, die wenige Monate zuvor das Land in Trauer und Schrecken versetzt hatte. Der Titel brachte den Zauber des Lächelns für wenige Momente zurück.

Großteil des Teams spielt in Japan

Mit ihrem disziplinierten Spielstil, ihrem Kampf- und Einsatzwillen ist den Japanerinnen noch immer eine Überraschung zuzutrauen, doch der Anschluss an die absolute Weltspitze scheint verloren. Im November 2022 verlor die Auswahl von Trainer Futoshi Ikeda gegen Europameister England ein Testspiel gleich mit 0:4 – und auch bei einem weiteren Testspiel gegen Gruppengegner Spanien gingen die Asiatinnen als Verlierer vom Platz. Dennoch ist Japan zum Jahresende 2022 in der FIFA-Weltrangliste nach Nordkorea, das seine Teilnahme an der WM-Qualifikation allerdings zurückgezogen hatte, die am höchsten platzierte Nation Asiens.

Ein Großteil der Spielerinnen steht bei japanischen Vereinen unter Vertrag, allerdings spielen auch einige Akteurinnen in den europäischen Topligen oder in den USA. Zu den Hoffnungsträgerinnen zählen im Mittelfeld die noch jungen Fuka Nagano und Yui Hasegawa, die wie die routinierte Torjägerin Mana Iwabuchi in der Women's Super League in England ihr Geld verdienen. Aus der Bundesliga bekannt ist die erfahrene 32 Jahre alte Verteidigerin Saki Kumagai, die in jungen Jahren schon beim 1. FFC Frankfurt spielte und seit 2021 beim FC Bayern München unter Vertrag steht. ⚽

Achtungserfolge 2015

Erst einmal trat Costa Rica auf der großen Bühne einer Weltmeisterschaft auf.

Als Außenseiter 2015 gehandelt, gelangen gegen Spanien und Südkorea zunächst zwei vielbeachtete Unentschieden, ehe ein spätes Gegentor im dritten Gruppenspiel gegen Brasilien die erste Niederlage und das vorzeitige Ausscheiden bedeutete.

Damals wie heute wurden die Las Ticas, so einer von mehreren Spitznamen des Teams, von Amelia Valverde trainiert, die bereits seit 2011 im Coaching Staff der Nationalauswahl ist und im Januar 2015 die Nachfolge des Uruguayers Garabet Avedissian antrat. Bekannteste Spielerin Costa Ricas ist Mittelfeldspielerin Shirley Cruz, die bis 2018 auf europäischem Top-Niveau für Paris Saint-Germain spielte. Mit mittlerweile 37 Jahren ist Cruz die erfahrenste Akteurin eines Teams, das eine interessante Mischung aus Erfahrung und Talent in sich birgt. In Australien und Neuseeland soll der erste Sieg bei einer Weltmeisterschaft eingefahren werden, zumindest gegen Sambia ist La Tricolor in der Favoritenrolle. ⚽

Mittelfeldspielerin Cristin Granados (15) aus Costa Rica im Zweikampf mit Rasheedat Busayo. Nigeria gewinnt 2:1 beim Revelations Cup in Guanajuato, Mexico, am 21. Februar 2023.

Außenseiter mit Rückenwind

Zum Wechsel ins WM-Jahr rangierte die Nationalauswahl Sambias auf Platz 81 der FIFA-Weltrangliste und stellt so den größten Außenseiter dieser WM-Endrunde dar.

Dabei verbesserte sich das Team unter Trainer Bruce Mwape, der die Auswahl seit 2018 betreut, in den vergangenen Jahren stetig. So nahm Sambia 2021 erstmals an Olympischen Spielen teil und feierte beim 4:4 gegen China einen Achtungserfolg – dreimal war dabei Kapitänin Barbra Banda erfolgreich, die vor ihrer Fußballkarriere Amateurboxerin war.

Der erstmalige Sieg des COSAFA-Turniers 2022, einer Meisterschaft südafrikanischer Staaten, sowie Platz drei bei der zurückliegenden Afrikameisterschaft sind weitere Zeugen der positiven Entwicklung in der jüngeren Vergangenheit. Der Kern der sambischen Auswahl besteht aus jungen, wilden Spielerinnen, die zum Großteil bei Vereinen in Sambia unter Vertrag stehen. Nur ein kleiner Kreis spielt unterklassig in Europa, Barbra Banda verdient in der ersten chinesischen Liga ihr Geld. ⚽

Costa Rica

Konföderation: CONCACAF
Spitzname: Las Ticas, La Sele (Die Auswahl), La Tricolor (Die Dreifarbigen)
Titel: /
Bestes WM-Ergebnis: Qualifikation für WM 2023
Trainerin: Amelia Valverde (Costa Rica, seit 12. Januar 2015)
Aktuelle Topspielerinnen: Shirley Cruz (Mittelfeld, Alajuelense), Raquel Rodríguez (Mittelfeld, Portland Thorns), Melissa Herrera (Sturm, Girondins Bordeaux)
Rekordspielerin: *
Rekordtorschützin: *

*Der Fußballverband Costa Ricas weist keine entsprechenden Statistiken aus.

Sambia

Konföderation: CAF
Spitzname: Copper Queens
Titel: COSAFA-Meister 2022
Bestes WM-Ergebnis: Qualifikation für WM 2023
Trainer: Bruce Mwape (Sambia, seit 10. Mai 2018)
Aktuelle Topspielerinnen: Barbra Banda (Sturm, Shanghai Sheng-li), Grace Chanda (Sturm, BIIK Shymkent), Racheal Nachula (Sturm, Zaragoza CFF)
Rekordspielerin: *
Rekordtorschützin: *

*Der Fußballverband Sambias weist keine entsprechenden Statistiken aus.

England: Erfolg durch Förderung

In der 110. Spielminute fiel Chloe Kelly der Ball buchstäblich vor die Füße. Die in der zweiten Halbzeit eingewechselte Stürmerin stocherte den Ball aus kurzer Entfernung nach einem Eckball an Deutschlands Torhüterin Merle Frohms vorbei.

Kurz wartete die damals 24-Jährige, vergewisserte sich mit einem Blick zu den Unparteiischen, ob dieses Tor auch wirklich zählen würde. Und dann brach sie los, die pure Freude. England lag im Wembley-Stadion tief in der Verlängerung mit 2:1 gegen Deutschland vorne. Nicht der schönste Treffer, aber historisch bedeutsam. Die englische Presse überschlug sich. 56 Jahre nach dem WM-Titel der Männer hielt der englische Fußball wieder etwas in den Händen. Wie schon 1966 gegen Deutschland in Wembley und wie schon damals in einer nicht ganz unumstrittenen Partie. Doch das war egal – »Football's coming home«.

In der Elite angekommen

Dass Deutschland in der ersten Halbzeit ein möglicher Handelfmeter nicht zugesprochen wurde, spielte so keine Rolle mehr. Dass England einen Großteil der restlichen Spielzeit mit Zeitspiel an der Eckfahne beschäftigt war, mag unsportlich gewesen sein, im weitesten Sinne war es aber legitim. Mit dem Schlusspfiff der ukrainischen Schiedsrichterin Kateryna Monsul wurde die Geschichtsschreibung besiegelt. England hatte Deutschland einmal mehr in einem Finale in Wembley geschlagen. Zum ersten Mal gewannen die »Lionesses« damit einen Titel. 87.192 Fußball-Fans hatten das Spiel im Stadion verfolgt.

Dass England spätestens mit dem Gewinn der Europameisterschaft in der Elite des Frauenfußballs angekommen ist, hat eine lange Geschichte. Die WM-Vergangenheit der Insulanerinnen ist dabei illuster. So waren die Engländerinnen nur bei

»Sie ist die fehlende Zutat, nach der England gesucht hat.«

Leah Williamson,
Kapitänin des englischen Nationalteams
über Sarina Wiegman

Erfolgstrainerin: Sarina Wiegman war als Europameisterin und WM-Finalistin bereits mit dem holländischen Frauenteam erfolgreich.

einer der ersten vier Endrunden dabei, kamen 1995 aber gleich bis ins Viertelfinale. Auch bei den weiteren Teilnahmen 2007 und 2011 wurde erneut die Runde der letzten acht Teams erreicht. Bei den

vergangenen beiden Weltmeisterschaften war dann erst im Halbfinale Schluss. Als nächstes war also eine Finalteilnahme die logische Steigerung. Es ging also stetig bergauf, der Anfang wurde indes im Herbst 2008 gemacht.

Ausreichend gefüllte Fördertöpfe

Der englische Fußballverband FA beschloss in seinem Grundsatzpapier der »16 Milestones« (16 Meilensteine), den Frauenfußball in England signifikant zu unterstützen. Vor der WM 2011 in Deutschland konnten englische Nationalspielerinnen dann vom »FA central contracts for England women's players« (Zentralverträge für englische Spielerinnen) profitieren. Der Verband richtete dafür einen Fonds ein, der mit jährlich 320.000 Pfund protegiert wurde und der vorsah, dass Nationalspielerinnen aus dem Topf ausreichend Geld zur Verfügung gestellt bekommen würden, um als vollständige Profifußballerinnen ihre Karriere vorantreiben zu können. Insgesamt 17 Spielerinnen nahmen an dem Feldprojekt teil. 2018 wurde der Zentralvertrag reformiert und gestaffelt. Etablierte Spielerinnen bekommen nun 30.000 Pfund jährlich zusätzlich zu ihrem Vereinsgehalt ausgezahlt, junge Talente steigen mit 15.000 Pfund ein.

Zuschauerzahlen verdoppelt

2017 beschloss die FA zudem das Strategiepapier »The Gameplan for Growth« (Der Spielplan für Wachstum). Ziel der Strategie war es, die Infrastruktur für den Frauenfußball zu verbessern und Wachstum an aktiven Spielerinnen zu erzielen. Durch beispielsweise Schul-

Leah Williamson, Kapitänin des englischen Teams, mit dem EM-Pokal nach dem 2:1-Sieg gegen Deutschland im Londoner-Wembley-Stadion am 31. Juli 2022.

projekte wurden Spielerinnen für die Vereine gewonnen, bis 2020 hatte sich die Anzahl der Frauenteams in England bereits verdoppelt, ebenso wie die Anzahl der Fans in den Stadien. Aktuell verfolgt der Verband eine Anschlussstrategie unter dem Namen »Inspiring Positive Change« (Inspirierende positive Veränderung), durch die nachhaltig die Zukunft für den Frauen- und Mädchen-Fußball in England verbessert werden soll. Schon heute, und das beweis nicht nur zuletzt der Erfolg bei der Europameisterschaft im eigenen Land, gehört England zur absoluten Weltspitze und ist Topfavorit auf den WM-Titel in Australien und Neuseeland. Es scheint, als wären die Engländerinnen auch in Zukunft bestens gerüstet, um an der Spitze zu bleiben. Einen Großteil an der aktuellen Vormachtstellung hat auch Trainerin Sarina Wiegman, die im Sommer 2021 die Frauen-Nationalauswahl als Trainerin übernahm, zu verantworten. Sie hatte ihr Können zuvor bereits als Coach der niederländischen Nationalauswahl unter Beweis gestellt und »Oranje« 2017 zum ersten EM-Titel geführt.

Die 53-Jährige versteht es, ihren Spielerinnen zu vermitteln, dass der Teamgedanke an erster Stelle steht und individuelle Bedürfnisse hintanstehen müssen.

Nicht mehr zu halten: Chloe Kelly (rechts), Nikita Parris (17) und das englische Team jubeln über Kellys Siegtreffer gegen das deutsche Team bei der Europameisterschaft 2022 im Londoner Wembley-Stadion.

> **»In erster Linie ist sie eine großartige Trainerin ...«**
>
> Fran Kirby,
> englische Stürmerin über
> Sarina Wiegman

Dabei schreckt sie vor großen Namen nicht zurück. Vor der EM 2022 sortierte sie die langjährige Kapitänin Steph Houghton aus und wurde daraufhin von der englischen Presse als »rücksichtslos« angezählt. Wiegman nimmt dabei gerne die Rolle der Person ein, auf die sich die Medien konzentrieren und versteht es, den öffentlichen Druck von ihrem Team fernzuhalten und auf sich zu fokussieren. Außerdem hat sie die Stärke, die besten Coachs in ihrem Staff zu versammeln und rückt dabei persönliche Sympathien und Antipathien nach hinten. All das danken ihr ihre Spielerinnen, die so bestens vorbereitet und frei von medialem Druck aufspielen können. Im Rahmen der WM-Qualifikation gelang England gegen Lettland ein 20:0. Es war der höchste Sieg eines Nationalteams auf UEFA-Ebene. Bis zum Jahreswechsel 2023 blieb England zudem in 26 aufeinanderfolgenden Partien ungeschlagen und baute die Serie bereits zu Jahresbeginn in einem Vorbereitungsturnier gegen Südkorea, Italien und Belgien mit drei weiteren Siegen aus.

Der Fundus erscheint unendlich

Ganz ohne Druck fährt England natürlich nicht zu dieser Weltmeisterschaft. Das Team ist gespickt mit Topspielerinnen auf höchstem internationalen Niveau. Die meisten spielen dabei in der englischen Women's Super League, die mittlerweile der Bundesliga den Rang als bester europäischer Wettbewerb auf nationaler Ebene abgelaufen hat. Angeführt von Kapitänin Leah Williamson bildet die Verteidigung um die erfahrenen Lucy Bronze und Millie Bright das Rückgrat des Kaders. Das Mittelfeld ist gespickt mit spielerischen und kämpferischen Top-Athletinnen wie Georgia Stanway, Keira Walsh, Fran Kirby oder Lauren Hemp. Nicht einmal ein Torwärterinnenproblem haben

England

Konföderation: UEFA
Spitzname: The Lionesses (Die Löwinnen)
Titel: Europameister 2022
Bestes WM-Ergebnis: Platz drei 2015 (Aus im Halbfinale gegen Japan)
Trainerin: Sarina Wiegman (Niederlande, seit 1. September 2021)
Aktuelle Topspielerinnen: Leah Williamson (Abwehr, FC Arsenal), Keira Walsh (Mittelfeld, FC Barcelona), Beth Mead (Mittelfeld, FC Arsenal)
Rekordspielerin: Fara Williams (2001 bis 2019, 172 Spiele)
Rekordtorschützin: Ellen White (2010 bis 2022, 52 Tore)

die Engländerinnen, steht doch mit Mary Earps eine der besten Torfrauen weltweit zwischen den Pfosten.

Doch es gibt auch Fragezeichen. Beth Mead, die zur besten Spielerin der zurückliegenden EM gewählt wurde, zog sich im November 2022 einen Kreuzbandriss zu. Ob sie rechtzeitig zur WM fit wird, ist fraglich. Zudem beendete Rekordtorschützin Ellen White auf dem Höhepunkt ihrer Karriere mit dem EM-Titel im Rücken und gesundheitlich beeinträchtigt im August 2022 ihre Karriere. Doch den Engländerinnen muss nicht bange sein. Der Fundus an nachrückenden Spielerinnen auf Top-Niveau scheint unendlich und Wiegman führte die Niederlande 2019 auch außerhalb ihrer Heimat bereits in ein WM-Finale. ⚽

Souveräne Qualifikation

0:5 gegen Brasilien, 4:4 gegen Sambia und 2:8 gegen die Niederlande. Bei den Olympischen Spielen 2021 in Tokio war der chinesische Frauenfußball auf seinem absoluten Tiefpunkt angekommen. Dabei gehörte China einst zu den großen Nationen bei den Frauen.

Von einer verlorenen Dekade wird gesprochen, oder sogar zwei. Nationaltrainerin Shui Qingxia brachte im Januar 2022 aber neue Hoffnung zu den als Stahlrosen titulierten Spielerinnen.

1999 waren die Chinesinnen ganz nah dran am größtmöglichen Erfolg. Bei der Weltmeisterschaft erreichte die damalige Auswahl das Finale gegen Gastgeber USA und scheiterte nach torlosen 120 Minuten erst im Elfmeterschießen. Der entscheidende Fehlschuss von Mittelfeldspielerin Liu Ying war auch Vorbote des Schlusspunkts einer großen Ära.

Nach dem Endspiel gings bergab

Im November 1999, nur ein halbes Jahr nach dem verlorenen Endspiel, gewann China noch einmal die Asienmeisterschaft. Zum siebten Mal in Folge – und zum vorerst letzten Mal. Bis auf einen weiteren Sieg bei den Asienmeisterschaften 2006 blieben die großen Erfolge danach aus. Die Chinesinnen verpassten sogar die Qualifikationen für die Weltmeisterschaft 2011 in Deutschland sowie für die Olympischen Spiele 2012 in London. Der chinesische Fußball verschwand im internationalen Mittelmaß und sorgte erst mit dem Fiasko von Tokio wieder für Aufsehen.

Mit Folgen: Denn danach übernahm Shui Qingxia die Nationalauswahl als Trainerin von Vorgänger Jia Xiuquan. Der chinesische Verband kündigte die damals 54-Jährige verheißungsvoll an: »Die Geschichte zeigt, dass Shui Qingxia mehr als jede andere weiß, wie man die Asienmeisterschaft gewinnt.« Fünfmal hatte Shui, was übersetzt »Wasser« bedeutet, als aktive Spielerin die Trophäe

gewonnen und kam nun rechtzeitig zur Kontinentalmeisterschaft 2022 als Trainerin zurück.

Gute Kommunikation als Rezept

Und tatsächlich: Nach 16 titellosen Jahren gewann China zum neunten Mal den AFC-Cup und reist nun als aktueller Asienmeister in Australien und Neuseeland an. Dabei sah es im Finale gegen Südkorea gar nicht gut aus. Zur Pause lag China mit 0:2 zurück. Mit cleveren Wechseln nahm Shui Einfluss auf das Spiel und wurde nach dem 3:2-Endstand in den Sozialen Medien gefeiert. Als Spielerin war sie eine Disziplinfanatikerin, als Trainerin setzt sie auf eine gute Kommunikation zu ihren Spielerinnen, die zum Großteil bei chinesischen Vereinen spielen. ⚽

Das chinesische Team vor dem 0:5 gegen Brasilien bei den Olympischen Spielen 2020 in Tokyo.

China

🇨🇳

Konföderation: AFC
Spitzname: Die Stahlrosen
Titel: Asienmeister 1986, 1989, 1991, 1993, 1995, 1997, 1999, 2006, 2022
Bestes WM-Ergebnis: Vize-Weltmeister 1999 (Im Finale gegen die USA)
Trainerin: Shui Qingxia (China, seit 19. November 2021)
Aktuelle Topspielerinnen: Li Mengwen (Abwehr, Jiangsu LFC, 2022/23 Leihe an Paris Saint-Germain), Yang Lina (Mittelfeld, Shanghai Shengli FC, 2022/23 Leihe an FC Levante Las Planas), Wang Shuang (Sturm, Racing Louisville)
Rekordspielerin: Pu Wei (1997 bis 2013, 219 Spiele)
Rekordtorschützin: Sun Wen (1990 bis 2005, 106 Tore)

Der inoffizielle Weltmeister

2017 war die Frauen-Nationalauswahl Dänemarks nah dran. Im Finale der EM verloren die Däninnen gegen Gastgeber Niederlande und verpassten es so, aus dem Schatten der Männer-Europameister von 1992 zu treten.

Trotz des Vizeeuropameistertitels landeten die Däninnen diesmal nur in Lostopf drei. Kein Wunder, hatte Dänemark doch zuletzt 2007 an einer WM teilgenommen und so die letzten drei Ausgaben verpasst. Bei Dänemark weiß man eben selten, was man bekommt. Selbst der Weg nach Australien und Neuseeland gibt wenig Aufschluss. Unangefochten gelang Dänemark zwar die Qualifikation, doch Hauptkonkurrent Russland war wegen des Ukraine-Kriegs von der UEFA ausgeschlossen. Star des Teams ist Rekordtorschützin und Kapitänin Pernille Harder, Signe Bruun gelangen die drittmeisten Tore der WM-Qualifikation. Wie man Weltmeister wird, wissen die Däninnen übrigens: Die Weltmeisterschaft 1970 in Italien wurde allerdings nicht von der FIFA ausgerichtet und gilt daher als inoffiziell. ⚽

Im Kollektiv verteidigen die dänischen Fußballerinnen gegen die niederländische Stürmerin Shanice van de Sanden (21) im WM-Qualifikationsspiel zur WM 2019 in Breda. Am Ende erfolglos: Dänemark verliert 2:0.

Jugend ist Trumpf

Ein Doppelpack von Melchie Dumornay sicherte Haiti seine erste WM-Teilnahme. Die erst 19 Jahre alte Mittelfeldspielerin hatte beide Tore beim 2:1 im Playoff-Finale B gegen Chile erzielt.

Wie die meisten ihrer Teamkameradinnen spielt Dumornay in der höchsten französischen Liga und ist noch recht jung. In den entscheidenden Qualifikationsspielen gegen Chile und zuvor beim 4:0 im Halbfinale gegen Senegal waren die Verteidigerinnen Chelsea Surpris und Kethna Louis mit jeweils 26 Jahren hinter Stürmerin Roselord Borgella, zur WM 30 Jahre alt, die ältesten Akteurinnen im Kader. Auch Trainer Nicolas Delépine stammt aus Frankreich. Haiti gehört zu den größten Außenseitern der Endrunde, verlor in der Qualifikation sogar gegen WM-Mitaußenseiter Jamaica deutlich mit 0:4. Immerhin: Auf dem Weg nach Australien und Neuseeland gelang beim 21:0 gegen die Britischen Jungferninseln der höchste Sieg der Verbandsgeschichte. ⚽

Dänemark 🇩🇰

Konföderation: UEFA
Spitzname: De rød-hvide (Die Rot-Weißen)
Titel: /
Bestes WM-Ergebnis: Viertelfinale 1991 (Aus gegen Deutschland), Viertelfinale 1995 (Aus gegen Norwegen)
Trainer: Lars Søndergaard (Dänemark, seit 18. Dezember 2017)
Aktuelle Topspielerinnen: Sofie Svava (Mittelfeld, Real Madrid), Signe Bruun (Sturm, Olympique Lyon), Pernille Harder (Sturm, FC Chelsea)
Rekordspielerin: Katrine Pedersen (1994 bis 2013, 210 Spiele)
Rekordtorschützin: Pernille Harder (seit 2009, 70 Tore*)

*zum Jahresende 2022

Haiti

Konföderation: CONCACAF
Spitzname: Les Grenadiers (Die Grenadiere)
Titel: /
Bestes WM-Ergebnis: Qualifikation für WM 2023
Trainer: Nicolas Delépine (Frankreich, seit 28. Januar 2022)
Aktuelle Topspielerinnen: Kethna Louis (Abwehr, Stade Reims), Nérilia Mondésir (Sturm, Montpellier HSC), Roselord Borgella (Sturm, Dijon FCO)
Rekordspielerin: *
Rekordtorschützin: *

*Der Fußballverband Haitis weist keine entsprechenden Statistiken aus.

USA – die Titelverteidigerinnen

Rose Lavelle lief mit dem Ball unbedrängt von den niederländischen Verteidigerinnen von der Mittellinie bis zur Strafraumgrenze und zog dann beherzt ab. Ihr Flachschuss mit dem linken Fuß landete unhaltbar für Torhüterin Sari van Veenendaal rechts unten im Kasten. Das 2:0 mitten in der zweiten Halbzeit des WM-Endspiels von 2019 bedeutete den späteren Endstand.

Die USA wurden in Frankreich Weltmeister und bauten ihren Rekord auf vier Titel aus. Für das 1:0 hatte wenige Minuten zuvor Megan Rapinoe mit einem Foulelfmeter gesorgt, nachdem Schiedsrichterin Stéphanie Frappart aus Frankreich nach Einsatz des Videoschiedsrichters auf den Punkt gezeigt hatte.

Groß, größer, USA. Die Vereinigten Staaten von Amerika gelten nicht nur als Land der unbegrenzten Möglichkeiten, insbesondere der Frauenfußball ist in einem Staatenverbund, in dem es immer ein wenig mehr sein darf, eine Erfolgsgeschichte der Superlative. Vier Weltmeisterschaften, neun Titel bei der Nord- und Mittelamerikameisterschaft sowie vier olympische Goldmedaillen hat keine andere Nation bei Welt- und Kontinentalmeisterschaften, oder Olympischen Spielen vorzuweisen. Überhaupt schafften Triumphe in dieser Kombination neben den USA lediglich noch Deutschland und Norwegen.

Gesetz gegen Diskriminierung

Noch deutlicher: Wann immer die Frauen-Nationalauswahl an einer Weltmeisterschaft, einer Kontinentalmeisterschaft oder den Olympischen Spielen teilnahm, landete die US-Auswahl mindestens auf dem dritten Platz. Mit einer einzigen Ausnahme: 2016 bei den Olympischen Spielen von Rio ereilte die US-Girls das Aus bereits im Viertelfinale im Elfmeterschießen gegen Schweden – 1998 verzichteten die Vereinigten Staaten auf eine Teilnahme an der Nord- und Mittelamerikameisterschaft, da man als Aus-

richter für die folgende WM 1999 bereits qualifiziert war.

Die Anfänge des US-amerikanischen Frauenfußballs reichen bis in die Siebziger Jahre zurück. 1972 wurde ein Gesetz verabschiedet, das die geschlechtsspezifische Diskriminierung für bundesweit finanzierte Bildungsprogramme verbot. In der Folge bildeten sich an den US-Colleges erste Frauenfußballteams. Die erfolgreiche Länderspielhistorie begann allerdings mit einer Niederlage. Im April 1985 verloren die USA unter dem irischen Coach Mike Ryan im Rahmen des Mundialito-Einladungsturniers ihr erstes Länderspiel mit 0:1 gegen Gastgeber Italien. Im Folgejahr wurde Anson Dorrance als erster Vollzeittrainer eingestellt, eine Maßnahme, die bald Früchte tragen sollte.

Erfolg gegen China

Dorrance vertraute einer Reihe junger Talente. Unter ihm feierten spätere Topspielerinnen wie Mia Hamm, Julie Foudy und Kristine Lilly ihre Nationalelfdebüts noch zu ihrer High-School-Zeit. Der Trainer setzte sich damit gegen Widerstände im US-Verband durch, der vor allem Spielerinnen mit College-Erfahrung in der Auswahl sehen wollte. Unter

Dorrance kam auch Kim Crabbe zu ihrer Premiere im US-Trikot und schrieb als erste afroamerikanische Nationalspielerin Geschichte.

Monate noch vor dem ersten WM-Titel 1991 gewannen die USA dann ihren ersten Titel. Bei der CONCACAF-Kontinentalmeisterschaft dominierte das Dorrance-Team die Konkurrenz, erzielte in fünf Spielen 49 Tore und gewann nur das Finale gegen Kanada (5:0) nicht zweistellig. Die Duelle bei der Weltmeisterschaft ein halbes Jahr später verliefen zwar wesentlich enger, am Ende gewannen die USA die erste Weltmeisterschaft der Frauen in China durch ein 2:1 im Finale gegen Norwegen durch zwei Treffer von Michelle Akers.

> »Ich erinnere mich an jedes Tor, das ich geschossen habe!«
>
> Alex Morgan

Alex Morgan ist eine der Starspielerinnen der US-Amerikanerinnen. 2019 gewinnt sie mit dem US-Team den Weltmeistertitel in Frankreich.

Einen viel größeren Meilenstein in der Geschichte des US-Frauensports erreichte das Team aber mit seinem zweiten WM-Titel. 1999 gewann das US-Team das Finale gegen China nicht nur im Elfmeterschießen, der Triumph vor 90.185 Fans im kalifornischen Pasadena begeisterte die Massen und ist noch immer das meistbesuchte Länderspiel in der Geschichte des Frauenfußballs. Michelle Akers, Julie Foudy, Kristine Lilly, Mia Hamm und Brandi Chastain, die Schützin des entscheidenden Elfmeters, wurden zu Stars, die über die USA hinaus weltweite Bekanntheit gewannen. Hamm und Akers wurden von Fußball-Legende Pelé im Jahre 2004 als zwei der 125 größten noch lebenden Spieler in die Liste der »FIFA 100« aufgenommen, um das 100-jährige Jubiläum der Weltverbandes zu feiern.

Rücktritt auf dem Gipfel

Bitter für US-Rekordtorschützin Abby Wambach, dass sie bis zum Ende ihrer großen Karriere warten musste, bis auch sie sich Weltmeisterin nennen durfte. Obwohl die USA auch in der Folgezeit immer zur Weltspitze gehörten, räumten zweimal Deutschland und einmal Japan bei den folgenden drei Weltmeisterschaften den Titel ab. Erst 2015 reichte es in Kanada wieder zum Titelgewinn. Wambach, eine der größten Spielerinnen der Geschichte, wurde im Finale gegen Japan mit 35 Jahren noch einmal eingewechselt und trat so nur Wochen nach dem Turnier auf dem Höhepunkt ihrer Karriere aus dem Nationalteam zurück. Als Star hatte sie spätestens zu diesem Turnier Carli Lloyd abgelöst, die alleine beim 5:2 im Endspiel gegen Japan dreimal traf. In Australien und Neuseeland treten die USA als zweimalige Titelverteidiger an und hoffen auf den dritten WM-Triumph hintereinander. Neben Europameister England gilt die USA als Top-Favorit auf den Titel. Für Trainer Vlatko Andonovski ist es die erste WM in Verantwortung an der Seitenlinie. Der Mazedonier übernahm die Geschicke der US-Frauen im Oktober 2019 als Nachfolger der Engländerin Jill Ellis, die nach dem zweiten Gewinn einer WM vor vier Jahren zurücktrat.

Revanche gegen den Rivalen

Im Juli 2022 feierte Andonovski mit den USA seinen ersten Titel. Ohne ein Gegentor zu kassieren, gewannen die USA die Kontinentalmeisterschaft. Alex Mor-

Die 30-jährige Abby Dahlkemper (7), Weltmeisterin 2019 und Bronzemedaillengewinnerin von Tokyo, kämpft noch um ein Ticket für Neuseeland und Australien.

gan erzielte das einzige Finaltor durch einen verwandelten Foulelfmeter gegen Kanada und sorgte so für eine erfolgreiche Revanche gegen den nordamerikanischen Rivalen. Im olympischen Halbfinale von Tokio im Jahr zuvor musste sich Andonovski mit seinem Team den Kanadierinnen noch mit 0:1 geschlagen geben und verpasste so eine erfolgreiche Turnierpremiere.

Hoffnungsvoller Nachwuchs

Andonovski steht bei der Weltmeisterschaft 2023 ein äußerst interessanter Kader zur Verfügung, der noch immer von Alex Morgan und Megan Rapinoe angeführt wird. Beim zurückliegenden WM-Triumph spielten sich die beiden Offensivkräfte mit jeweils sechs Toren als Titelgaranten ins Rampenlicht und sind auch bei der kommenden Weltmeisterschaft wichtige Bestandteile eines Teams, das neben der Erfahrung von Spielerinnen wie Alex Morgan, Megan Rapinoe und Kapitänin Becky Sauerbrunn auf eine Reihe junger und hungriger Talente sowie auf ausgereifte Spielerinnen zurückgreifen kann.

Die Mittelfeldspielerinnen Lindsay Horan und Rose Lavelle befinden sich wie die Stürmerinnen Mal Pugh und Mallory Swanson im besten Fußball-Alter. Dahinter arbeiten talentierte Offensivkräfte wie Catarina Macario und Sophia Smith an ihrem nächsten Karrieresprung. Abwehrspielerin Naomi Girma und Stürmerin Trinity Rodman hoffen auf ihren Durchbruch in der Nationalelf. Sie stehen als kommende Topstars in den Startlöchern. Aus der U20 hofft Angreiferin Mia Fishel auf einen Platz im WM-Kader. Der Fundus an Talenten scheint unermesslich und die Fans können sich bei den USA auf attraktive WM-Spiele freuen. ⚽

USA 🇺🇸

Nation: USA
Konföderation: CONCACAF
Spitzname: The Stars and Stripes (Die Sterne und Streifen)
Titel: Weltmeister 1991, 1999, 2015, 2019, Nord- und Mittelamerikameister 1991, 1993, 1994, 2000, 2002, 2006, 2014, 2018, 2022, Olympiasieger 1996, 2004, 2008, 2012
Bestes WM-Ergebnis: Weltmeister 1991 (Sieg im Finale gegen Norwegen), Weltmeister 1999 (Sieg im Finale gegen China), Weltmeister 2015 (Sieg im Finale gegen Japan), Weltmeister 2019 (Sieg im Finale gegen die Niederlande)
Trainer: Vlatko Andonovski (Mazedonien, seit 28. Oktober 2019)
Aktuelle Topspielerinnen: Alex Morgan (Sturm, San Diego Wave), Lindsay Horan (Mittelfeld, Olympique Lyon), Trinity Rodman (Sturm, Washington Spirit)
Rekordspielerin: Kristine Lilly (1987 bis 2010, 354 Spiele)
Rekordtorschützin: Abby Wambach (2001 bis 2015, 184 Tore)

Wachgeküsste Pionierinnen

Am 17. April 1971 schrieb das niederländische Nationalteam Geschichte. Das Freundschaftsspiel im französischen Hazebrouck gegen Frankreich ging zwar mit 0:4 verloren, doch waren die Orangen Löwinnen beim ersten von der FIFA offiziell anerkannten Frauen-Länderspiel der Geschichte dabei.

Dass bereits 1956 niederländische Frauen in Essen zu Gast waren und gegen eine westdeutsche Auswahl Fußball spielten, ist nur eine Randnotiz, die FIFA verweigert dem deutschen 2:1 eine offizielle Anerkennung.

Obwohl die Niederländerinnen damit zu den Pionierinnen des Frauenfußballs gehörten, spielten sie lange Zeit auf internationaler Bühne nur eine untergeordnete Rolle. Erst 2009, 25 Jahre nach der ersten Europameisterschaft, qualifizierte sich die Niederlande zur EM in Finnland für ein großes Turnier. Bis dahin spielten die besten niederländischen Fußballerinnen häufig in der deutschen Bundesliga. Die Torfrau und frühere Rekordnationalspielerin Marleen Wissink verbrachte weite Teile ihrer Karriere bei der SG Praunheim sowie beim 1. FFC Frankfurt. In Finnland erreichte die Niederlande auf Anhieb das Halbfinale.

Wachgeküsst wurden die niederländische Auswahl aber von Trainerin Sarina Wiegmann, die ab 2014 zunächst Assistenztrainerin unter Bondscoach Roger Reijners war, dann ab 2015 interimsweise einsprang und die Verantwortung ab 2017 vollends übernahm. Bei der Endrunde im eigenen Lande wurde die Niederlande 2017 überraschend Europameister. Und das in vollkommen überzeugender Manier. Drei Erfolgen in der Vorrunde folgten bis zum Finale Siege gegen Schweden, England und Dänemark – allesamt mit mindestens zwei Toren Differenz und einem spektakulären Offensivfußball. Zwei Jahre später folgte der Vize-WM-Titel und die erstmalige Qualifikation für die Olympischen Spiele.

Doch im August 2020 unterschrieb Wiegmann als Trainerin der englischen Nationalauswahl für ein ein Jahr später startendes Engagement. Beim Viertelfinalaus im Elfmeterschießen von Tokio bei den Olympischen Spielen gegen erneut die USA war somit klar, dass die bis dato erfolgreichste Ära der KNVB-Frauen enden würde. Unter Trainer Andries Jonker, der in der Männer-Bundesliga 2017 den VfL Wolfsburg trainiert hatte, und mit Top-Offensivspielerinnen wie Lineth Beerensteyn, Lieke Martens, Vivianne Miedema, Jill Roord und Kapitänin Sherida Spitse kann die Niederlande auch bei dieser WM eine große Rolle spielen. Zum engsten Favoritenkreis zählt Oranje allerdings nicht. ⚽

Niederlande

Konföderation: UEFA
Spitzname: Oranje Leeuwinnen (Orange Löwinnen)
Titel: Europameister 2017
Bestes WM-Ergebnis: Vize-Weltmeister 2019 (Niederlage im Finale gegen die USA)
Trainer: Andries Jonker (Niederlande, seit 24. August 2022)
Aktuelle Topspielerinnen: Lineth Beerensteyn (Sturm, Juventus Turin), Lieke Martens (Sturm, Paris Saint-Germain), Vivianne Miedema (Sturm, FC Arsenal)
Rekordspielerin: Sherida Spitse (seit 2006, 211 Spiele*)
Rekordtorschützin: Vivianne Miedema (seit 2013, 95 Tore*)

*Zum Jahresende 2022

Danielle van de Donk (links) und Desiree van Lunteren (rechts) jubeln nach dem 1:0-Erfolg im Halbfinale gegen Schweden bei der WM 2019 in Lyon, Frankreich.

Gezielte Förderung

Seit einer Dekade steht der Frauenfußball in Vietnam im Fokus. Etliche Reformen haben in Schulen, Universitäten und Firmen zu Projekten geführt, um den Frauenfußball zu fördern.

Nur wenige Jahre später ist Vietnam bei seiner ersten Weltmeisterschaft dabei, wenngleich als großer Außenseiter. Die Qualifikation war begleitet von Auswirkungen des COVID-19-Virus. Gebeutelt durch etliche Corona-Erkrankungen kam die vietnamesische Auswahl in der ersten Phase nur zu einem Unentschieden gegen Myanmar und verlor die anderen beiden Gruppenspiele stark ersatzgeschwächt. Platz drei reichte aber für das Erreichen der asiatischen Playoffs. Hier wendete sich das Blatt. Vietnam besiegte die durch Corona dezimierten Teams aus Thailand und Chinesisch Taipeh (Taiwan) und sicherte sich das fünfte AFC-Ticket zur WM. Star des Teams ist Kapitänin Huỳnh Như, die als einzige Spielerin im Ausland (Portugal) unter Vertrag steht, alle anderen Akteurinnen spielen in der heimischen Liga, die in der Zukunft professionalisiert werden soll. ⚽

Riesig ist die Freude bei den Portugiesinnen nach dem späten Sieg gegen Kamerun beim Playoff-Spiel am 22. Februar 2023 in Hamilton, Neuseeland. Das WM-Ticket ist damit gesichert.

Später Treffer ins Glück

In der vierten Minute der Nachspielzeit brachte Carole Costa die Erlösung. Der Treffer der Abwehrspielerin im Playoff-Finale A beim 2:1 gegen Kamerun sicherte Portugal die erste WM-Teilnahme seiner Geschichte.

Lange Jahre spielten die portugiesischen Frauen im internationalen Fußball keine Rolle, 2017 gelang erstmals die Qualifikation für eine Europameisterschaft, 2022 waren die Ibererinnen bei der folgenden EM nur als Nachrücker für das suspendierte Russland dabei. Bei der dritten großen Turnierteilnahme steht erneut Francisco Neto an der Seitenlinie, der das Nationalteam seit 2014 betreut. In der europäischen Qualifikationsgruppe H war Portugal hinter Deutschland Zweiter geworden, verlor die Partien gegen die DFB-Kickerinnen mit 0:3 und 1:3. Zwar ist Portugal bei der WM in klarer Außenseiterrolle, doch gibt es in Gruppe E ein Wiedersehen mit der Niederlande, gegen die die Portugiesinnen bei der zurückliegenden EM nur mit 2:3 verloren. ⚽

Vietnam

Konföderation: AFC
Spitzname: Những Nữ Chiến Binh Sao Vàng (Kriegerinnen des goldenen Sterns)
Titel: /
Bestes WM-Ergebnis: Qualifikation 2023
Trainer: Mai Đức Chung
Aktuelle Topspielerinnen:
Nguyễn Thị Tuyết Dung (Mittelfeld, Phong Phú Hà Nam), Dương Thị Vân (Mittelfeld, Than KSVN), Huỳnh Như (Länk FC Vilaverdense)
Rekordspielerin: Doan Thi Kim Chi (1998 bis 2009, 109 Spiele)
Rekordtorschützin: Huỳnh Như (seit 2011, 62 Tore**)

*Mai Đức Chung hatte das Team seit 2016 als Nationaltrainer geführt. Nach der erfolgreichen Qualifikation trat der 73-Jährige im Januar 2023 zurück.

** zum Jahresende 2022

Portugal

Konföderation: UEFA
Spitzname: Seleção das Quinas (Auswahl an Quinas*)
Titel: /
Bestes WM-Ergebnis: Qualifikation für WM 2023
Trainer: Francisco Neto (Portugal, seit 25. Februar 2014)
Aktuelle Topspielerinnen: Ana Borges (Abwehr, Sporting CP), Dolores Silva (Mittelfeld, SC Braga), Kika Nazareth (Sturm, Benfica)
Rekordspielerin: Ana Borges (seit 2009, 154 Spiele**)
Rekordtorschützin: Edite Fernandes (1997 bis 2016, 39 Tore)

*Nimmt Bezug auf die fünf Schilde in der Flagge Portugals.

**zum Ende der WM-Qualifikation

Unruhe im Verband ist beigelegt

Ein reinigendes Gewitter? Kapitänin Wendie Renard und die Angreiferinnen Kadidiatou Diani und Marie-Antoinette Katoto hatten nach dem WM-Vorbereitungsturnier »Tournoi de France« im Februar 2023 für ein Erdbeben im französischen Fußball-Verband gesorgt.

Das französische Frauen-Nationalteam hatte den Wettbewerb als Turniersieger abgeschlossen und die Augen der Fans richteten sich schon erwartungsfroh auf die Weltmeisterschaft, als das namhafte Spielerinnentrio die Bombe platzen ließ und geschlossen aus dem Nationalteam zurücktrat.

Nur eine Woche nach dem Ereignis folgte der Rücktritt von Noël Le Graët, dem langjährigen französischen Verbandspräsidenten. Am 81-Jährigen hatte es in der Vergangenheit schon häufiger Kritik gegeben. Unter anderem wurde ihm sexuelle Belästigung vorgeworfen, viel aufwühlender für die französischen Fußballfans waren aber seine verbalen Entgleisungen gegenüber Fußball-Le-

gende Zinédine Zidane, der in Frankreich verehrt wird. Übergangspräsident Philippe Diallo stand in der Folge vor einer herausfordernden Aufgabe, richtete sich der Ärger der zurückgetretenen Spielerinnen doch gegen Nationaltrainerin Corinne Diacre, die die weibliche Ausgabe der Équipe Tricolore seit 2017 betreute. Diacre avancierte in dieser Zeit mit 57 Siegen aus 72 Länderspielen unter ihrer Führung zur erfolgreichsten Trainerin der Geschichte der französischen Frauen-Nationalauswahl.

Diallo folgte den Wünschen der Spielerinnen, die vor allem Diacres Führungsstil moniert hatten, und entließ die 48-Jährige. Eine eilig zusammengestellte Trainerfindungskommission einigte sich

schnell auf Hervé Renard als Nachfolge. Der 54-Jährige kann auf viel Erfahrung verweisen, feierte zuletzt als Nationaltrainer Saudi-Arabiens bei der Männer-Weltmeisterschaft in Katar einen Auftaktsieg gegen den späteren Weltmeister Argentinien, hat aber noch nie ein Frauenteam trainiert. Entsprechend groß ist die Aufgabe. Renard muss in nur wenigen Monaten seine Elf finden und sorgte bei der ersten Kadernominierung für zwei Testspiele im April gleich für eine Überraschung.

Neben Wendie Renard, die nach dem Trainerwechsel wieder für die Nationalauswahl zur Verfügung stand, berief Hervé Renard Frankreichs Rekordtorschützin Eugénie Le Sommer wieder in den Kader. Le Sommer gilt neben Renard als die herausragende französische Fußballerin der 2010er Jahre, hatte ihren letzten Auftritt für Les Bleues aber im April 2021 im Testspiel gegen die USA.

Der dreimalige Trainer des Jahres Afrikas soll es richten: Hervé Renard ist seit 30. März neuer Trainer des französischen Fußballnationalteams der Frauen.

Kapitänin Wendie Renard setzt sich im Streit mit dem Verband durch. Die 1990 geborene Verteidigerin spielt seit 2011 für die französische Auswahl. Kurz nach ihrem Rücktritt kehrt sie wieder zum Nationalteam zurück.

Frankreich

Konföderation: UEFA
Spitzname: Les Bleues (Die Blauen)
Titel: /
Bestes WM-Ergebnis: Vierter Platz 2011 (Niederlage im Halbfinale gegen die USA)
Trainer: Hervé Renard (seit 30. März 2023)
Aktuelle Topspielerinnen: Wendie Renard (Abwehr, Olympique Lyon), Grace Geyoro (Mittelfeld, Paris Saint-Germain), Delphine Cascarino (Sturm, Olympique Lyon)
Rekordspielerin: Sandrine Soubeyrand (1997 bis 2013, 198 Spiele)
Rekordtorschützin: Eugénie Le Sommer (seit 2009, 86 Tore*)

*zum Jahresende 2022

Ihr letztes Länderspieltor erzielte die zur Weltmeisterschaft in Australien und Neuseeland 34-Jährige sogar im Herbst 2020 in der EM-Qualifikation gegen Nordmazedonien. Vielleicht braucht es neben Renard mit Le Sommer in der gegenwärtigen Situation zwei erfahrene Führungsspielerinnen.

Der große Wurf fehlt noch

Überraschenderweise erhielten Kadidiatou Diani und Marie-Antoinette Katoto für den April keine Einladungen für eine Rückkehr ins Trikot der nationalen Auswahl. So jung, wie Renard im Amt ist, so offen scheinen die Plätze im Kader für die Weltmeisterschaft. Entsprechend unbekannt ist auch die zu erwartende taktische Ausrichtung, mit der Trainer Renard seine Frauen auf das Feld schicken wird. Die Auswahl an jungen Topspielerinnen ist dabei groß. Den Abwehrspielerinnen Selma Bacha, und Sakina Karchaoui so-

wie die Offensivakteurinnen Delphine Cascarino, Grace Geyoro und Melvine Malard gehört die Zukunft. Im Tor ist zudem die erfahrene Pauline Peyraud-Magnin ein sicherer Rückhalt.

Für die Weltmeisterschaft zählt Frankreich trotz aller Widrigkeiten zum erweiterten Favoritenkreis. Seit 2009 erreichte die französische Auswahl bei Welt- und Europameisterschaften sowie zweimal bei Olympischen Spielen stets mindestens das Viertelfinale. Der große Wurf, ein Titelgewinn oder das Erreichen eines Endspiels blieb den Europäerinnen allerdings stetig verwehrt. Ob die Umstände, die in den Monaten vor der WM auf die Nationalspielerinnen einprasselten, einen positiven oder negativen Effekt auf den Turnierverlauf haben werden, bleibt abzuwarten.

Das französische Frauen-Nationalteam gehört zu den ältesten der Welt. Bereits 1919 fuhren Pariser Auswahl-

teams zu Partien nach England. Zum ersten Länderspiel kam es dann 1924 bei einem 2:1 gegen Belgien. Im Jahre 1932 wurde der Frauenfußball in Frankreich allerdings verboten, der Frauenverband Fédération des Sociétés Féminines Sportives de France (FSFSF) löste sich auf, die letzten »wilden« Länderspiele, einmal mehr gegen Belgien, fanden 1934 statt.

Erst 1970 wurde den Frauen das Fußballspielen wieder offiziell erlaubt, so dass es im April 1971 zum ersten offiziellen Länderspiel gegen die Niederlande kam. Es dauerte allerdings bis 1997 – bis zur siebten Europameisterschaft – ehe Frankreich erstmals international nennenswert in Erscheinung trat. 2003 qualifizierten sich die französischen Frauen erstmals für eine WM-Endrunde. Bis heute werden die Länderspiele zwischen den Weltkriegen von der Fédération Française de Football nicht anerkannt. ⚽

Nicht mehr alles nur Marta

Im zweiten Gruppenspiel der Weltmeisterschaft von 2019 behielt Marta die Nerven. Per Elfmeter erzielte die Kapitänin das 1:0 beim 2:3 gegen Australien. Marta wurde damit geschlechterübergreifend die erste Fußballerin, die bei fünf WM-Turnieren getroffen hatte.

Mit ihrem insgesamt 17. WM-Tor im an- und abschließenden Gruppenspiel gegen Italien setzte die Stürmerin eine weitere Bestmarke bei Weltmeisterschaften – übrigens ebenfalls geschlechterübergreifend. Zudem ist Marta auch die einzige Spielerin, die bei fünf olympischen Fußballturnieren getroffen hat.

Insbesondere in Deutschland genießt Marta zudem einen exzellenten fußballerischen Ruf. Zur Weltmeisterschaft 2011 in Deutschland war sie der weltweite Popstar unter den Fußballerinnen. Sie kam als Vizeweltmeisterin nach Deutschland, als WM-Torschützenkönigin und beste Spielerin der Endrunde von 2007. Als ungekrönte Meisterin ihres Fachs war Marta mit Brasilien neben der DFB-Aus-wahl Turnierfavorit. Doch es kam anders. Brasilien scheiterte bereits im Viertelfinale und Marta ramponierte ihren Ruf. Mit theatralischen Einlagen zog sie den Unmut der Zuschauer auf sich und erfüllte Autogrammwünsche nur, wenn TV-Kameras zugegen waren.

Viel Turniererfahrung und Talente

Die Endrunde 2023 ist für die 37-Jährige ein weiterer Anlauf, um einen WM-Titel abzuräumen. Auch wenn ihre Rolle mit den Jahren kleiner geworden ist. Insbesondere nach ihrem Kreuzbandriss 2022 bleibt abzuwarten, wie viel Einfluss die sechsmalige Weltfußballerin auf dem Platz noch nehmen kann. Auch ohne Marta auf dem Höhepunkt ihrer Karriere stellt Brasilien noch immer die beste Auswahl Südamerikas. Bei den vergangenen beiden WM-Endrunden war das Turnier dennoch jeweils bereits im Achtelfinale beendet. Die erfahrene Sundhage übernahm wenige Tage nach dem Aus 2019 gegen Frankreich als Trainerin und führte die Seleção 2022 zum achten Sieg bei der Copa América. Bei der WM steht Sundhage nicht nur Marta wieder zur Verfügung, mit den Abwehrspielerinnen Tamires (35 Jahre) und Rafaelle (32 Jahre) verfügt Brasilien ebenso über Akteurinnen mit viel Turniererfahrung, wie über eine Vielzahl jüngerer Spielerinnen und Talente. Auch wenn Brasilien nicht zu den WM-Topfavoriten zählt, müssen die Grün-Gelben erst einmal geschlagen werden. ⚽

Die 1,62 Meter große Stürmerin Marta ist Brasiliens Rekordtorschützin und galt über mehrere Jahre als beste Fußballspielerin der Welt.

Brasilien 🇧🇷

Konföderation: CONMEBOL
Spitzname: Seleção (Auswahl), As Canarinhas (Kanarienvögel), Verde-Amarela (Grün-Gelben)
Titel: Südamerikameister: 1991, 1995, 1998, 2003, 2010, 2014, 2018, 2022
Bestes WM-Ergebnis: Vizeweltmeister 2007 (Niederlage im Finale gegen Deutschland)
Trainerin: Pia Sundhage (Schweden, seit 25. Juli 2019)
Aktuelle Topspielerinnen: Rafaelle (Abwehr, FC Arsenal), Adriana (Mittelfeld, Orlando Pride), Debinha (Sturm, Kansas City Current)
Rekordspielerin: Formiga (1995 bis 2021, 206 Spiele)
Rekordtorschützin: Marta (seit 2003, 115 Tore*)

*zum Jahresende 2022

Mit jungen Kanalmädchen

Eine 17-Jährige wurde zur Hoffnungsträgerin. Dank unzähliger Paraden samt eines gehaltenen Elfmeters von Torfrau Yenith Bailey gegen Mexiko erreichte Panama 2018 bei den Nordamerikameisterschaften erstmals das Halbfinale.

Bailey wurde als beste Torhüterin des Turniers ausgezeichnet. Fünf Jahre später hütet Bailey noch immer das Tor und hielt ihren Kasten in den beiden Playoff-Spielen gegen Papua-Neuguinea und Paraguay sauber. Das Tor zur ersten WM-Teilnahme gegen die Südamerikanerinnen erzielte Stürmerin Lineth Cedeño eine Viertelstunde vor Spielen-

de. Die Mittelamerikanerinnen reisen mit einer jungen Auswahl zur Endrunde und sind bei ihrer Premiere Außenseiter. In Anlehnung an den berühmten Panamakanal, eine Wasserstraße die Atlantik und Pazifik miteinander verbindet, werden die Auswahlspielerinnen »Las Canaleras«, die Kanalmädchen, genannt. ⚽

Khadija Shaw (11), schießt und köpft seit 2015 Tore für die »Raggae Girlz«, wie das Nationalteam von Jamaika genannt wird.

Angeführt von Topstar Khadija Shaw

Vier Minuten nach ihrer Einwechslung traf Havana Solaun ins Schwarze. Die Stürmerin verkürzte im abschließenden Vorrundenspiel der Weltmeisterschaft 2019 beim 1:4 gegen Australien zwischenzeitlich auf 1:2 und trug sich so als erste und bislang einzige Torschützin der jamaikanischen WM-Historie ein.

Vor vier Jahren schrieb zudem die gesamte Auswahl als erster karibischer Teilnehmer Geschichte, mit ihrer erneuten Qualifikation für 2023 stellten die »Reggae Girlz« außerdem die Männer-Auswahl Jamaikas in den Schatten, die erst einmal für eine WM qualifiziert war. Einen Topstar hat Jamaika mit Khadija Shaw auch. Die 26-Jährige ist nicht nur

gefährlichste Torschützin des Nationalteams, Shaw ist auch Top-Stürmerin in der englischen Women's Super League bei Manchester City. Shaw will sich in der WM-Torschützenliste Jamaikas nicht nur neben Solaun eintragen, in einer Vorrundengruppe mit CONCACAF-Rivale Panama ist auch der erste WM-Sieg in greifbarer Nähe. ⚽

Panama

Konföderation: CONCACAF
Spitzname: Las Canaleras (Die Kanalmädchen)
Titel: /
Bestes WM-Ergebnis: Qualifikation für WM 2023
Trainer: Ignacio Quintana (Mexiko, seit 1. Januar 2021)
Aktuelle Topspielerinnen: Yenith Bailey (Torhüterin, Libertad/Limpeño), Natalia Mills (Mittelfeld, Deportiva Alajuelense), Lineth Cedeño (Sturm, Sampdoria Genua)
Rekordspielerin: *
Rekordtorschützin: *

*Der Fußballverband Panamas weist keine entsprechenden Statistiken aus.

Jamaika

Konföderation: CONCACAF
Spitzname: The Reggae Girlz (Die Reggae-Mädchen)
Titel: /
Bestes WM-Ergebnis: Vorrunde 2019 (Aus als Gruppenletzter gegen Australien, Brasilien und Italien)
Trainer: Lorne Donaldson (Jamaika, seit 1. Juni 2022)
Aktuelle Topspielerinnen: Allyson Swaby (Abwehr, Angel City FC, 2022/2023 Leihe an Paris Saint-Germain), Jody Brown (Sturm, Florida State Seminoles), Khadija Shaw (Sturm, Manchester City)
Rekordspielerin: Khadija Shaw (seit 2015, 38 Spiele*)
Rekordtorschützin: Khadija Shaw (seit 2015, 56 Tore*)

*Stand Oktober 2021, der Fußballverband Jamaikas weist keine aktuelle Statistik aus.

Sehnsucht nach dem großen Titel

Pia Sundhage traf. Die Stürmerin hatte bei der ersten Europameisterschaft der Frauen im Finale gegen England kühlen Kopf bewahrt und Schweden zum Titel geschossen. Damals, 1984, steckte der internationale Frauenfußball noch in seinen Anfängen.

Für die Finalrunde hatten sich neben Schweden noch Dänemark, England und Italien qualifiziert. Die vier Nationen trafen im Halbfinale wie auch im Endspiel in Hin-und Rückspiel aufeinander. Eine Gastgebernation für die Finalrunde gab es noch nicht.

Das Hinspiel hatte Schweden mit 1:0 durch ein Tor von Sundhage in Göteborg gewonnen. Zwei Wochen später kam es im englischen Luton vor 2.567 Zuschauern zur zweiten Begegnung. Schon nach einer halben Stunde egalisierte Englands Linda Curl das Hinspielergebnis. Die Entscheidung musste im Elfmeterschießen her. Für die Gastgeberinnen hatten Angela Gallimore, Deborah Bampton und Kerry Davis getroffen, Linda Curl sowie Lorraine Hanson verschossen. Für die Schwedinnen waren Anette Börjesson, Eva Andersson und Ann Jansson erfolgreich, nur Helen Johansson hatte den Ball nicht ins Tor gebracht. Dann verwandelte Sundhage und Schweden war Premierenmeister.

Dreimal Vizemeister

Seit diesem Moment gehört Schweden zu den besten Nationen im Frauenfußball. Als einziges europäisches Team nahmen die Schwedinnen an sämtlichen EM- und WM-Endrunden teil und waren bei allen olympischen Fußball-Turnieren vertreten. Ein weiterer Titel sollte dabei allerdings nicht herausspringen, oftmals mussten sich die Skandinavierinnen mit dem Titel des Vizemeisters zufriedengeben. So reichte es bei den EM-Endrunden 1987 gegen Norwegen sowie 1995 und 2001 jeweils gegen Deutschland nur zu zweiten Plätzen. Dabei entschied 2001, wie auch im WM-Finale von 2003, ein

Golden Goal zugunsten der Deutschen. Sundhage kehrte 2012 als Trainerin zurück zur Nationalauswahl und führte Schweden 2016 ins olympische Finale, wo sich Deutschland allerdings erneut als stärker erwies. Das Tor von Stina Blackstenius kam nach 0:2-Rückstand zu spät.

Spielerinnen in den Topligen

Nach dem Viertelfinalaus bei der folgenden EM folgte Peter Gerhardsson als Nationaltrainer, allerdings hatte Sundhage schon vor dem Turnier ihren Rücktritt erklärt. Unter Gerhardsson erreichte Schweden erneut das olympische Finale, diesmal

gewann Kanada im Elfmeterschießen. So warten die Skandinavierinnen nun schon fast 40 Jahre auf einen großen internationalen Titel. Fünf zwischenzeitliche Titel beim prestigeträchtigen Algarve Cup, einem regelmäßig im Frühjahr ausgetragenen Einladungsturnier für die Top-Nationen in Portugal, sind nur ein schwacher Trost. Immerhin, da 2023 kein Algarve Cup stattfand, kommt Schweden als amtierender Algarve-Cup-Sieger von 2022

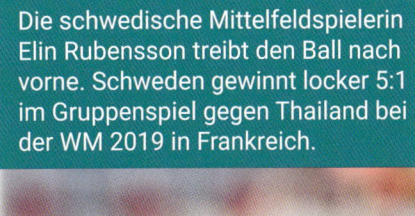

Die schwedische Mittelfeldspielerin Elin Rubensson treibt den Ball nach vorne. Schweden gewinnt locker 5:1 im Gruppenspiel gegen Thailand bei der WM 2019 in Frankreich.

auf die Südhalbkugel. Souverän, mit sieben Siegen und nur einem Unentschieden gegen die Republik Irland, qualifizierten sich die Schwedinnen für diese Weltmeisterschaft. Nur noch wenige Spielerinnen stehen bei Vereinen in der heimischen Damallsvenskan unter Vertrag, die in den 1990er Jahren neben der Bundesliga als stärkste Liga Europas galt. Die meisten Auswahlspielerinnen spielen mittlerweile in den Ligen anderer europäischer Top-Nationen: in England, Spanien oder Frankreich. Dazu zählen Abwehrspielerin Amanda Ilestedt von Paris Saint-Germain oder Stina Blackstenius und Lina Hurtig, die beide für den FC Arsenal aktiv sind. Topstürmerin Fridolina Rolfö spielt seit 2021 für den FC Barcelona. Ein großes Fragezeichen steht hinter Rekordnationalspielerin Caroline Seger. Die zur WM 38-Jährige hatte sich bei der EM 2022 eine schwere Oberschenkelverletzung zugezogen und fiel in der Folge aus.

Im Klub der Top-Teams

Welchen Stellenwert die Mittelfeldspielerin für die Blau-Gelben noch immer hat, beweist, dass sie ihr Comeback im Kader der Nationalauswahl zum WM-Vorbereitungsspiel gegen China im Februar 2023 feierte, obwohl klar war, dass sie nur am Training würde teilnehmen können. Ist Seger zur WM fit, dann ist die Kapitänin auch mit an Bord, andernfalls gilt Kosovare Asllani als erste Vertreterin für die Binde der Spielführerin.

Schweden gehört noch immer zu den starken Nationen im Frauenfußball, doch wie es auch der heimischen Liga ergangen ist, haben Top-Teams wie England oder Frankreich die Schwedinnen mittlerweile eingeholt. Zudem könnte es im Achtelfinale bereits zu einem Duell mit Weltmeister USA oder Vizeweltmeister Niederlande kommen. ⚽

Schweden

Konföderation: UEFA
Spitzname: Blågult (Blau-Gelb)
Titel: Europameister 1984
Bestes WM-Ergebnis: Vizeweltmeister 2003 (Niederlage im Finale gegen Deutschland)
Trainer: Peter Gerhardsson (Schweden, seit 19. September 2017)
Aktuelle Topspielerinnen: Magdalena Eriksson (Abwehr, FC Chelsea), Lina Hurtig (Sturm, FC Arsenal), Fridolina Rolfö (Sturm, FC Barcelona)
Rekordspielerin: Caroline Seger (seit 2005, 233 Spiele*)
Rekordtorschützin: Lotta Schelin (2004 bis 2017, 88 Tore)

*Zum Jahresende 2022

Der ehemalige Profifußballer und Olympia-Teilnehmer Peter Gerhardsson trainiert seit 2017 das schwedische Frauenteam.

Mit Spielerinnen aus der Heimat

Der Erfolg der jüngeren Vergangenheit im italienischen Frauenfußball ist ganz eng mit Milena Bertolini verbunden. 2017 wurde die 57-Jährige als Nationaltrainerin berufen.

Milena Bertolini: Trotz des skeptischen Blicks, seitdem die ehemalige Verteidigerin Trainerin der Italienerinnen ist, geht es bergauf.

Italien

Konföderation: UEFA
Spitzname: Le Azzurre (Die Blauen)
Titel: /
Bestes WM-Ergebnis: Viertelfinale 1991 (Aus gegen Norwegen), Viertelfinale 2019 (Aus gegen die Niederlande)
Trainerin: Milena Bertolini (Italien, 4. August 2017)
Aktuelle Topspielerinnen: Sara Gama (Abwehr, Juventus Turin), Elena Linari (Abwehr, AS Rom), Cristiana Girelli (Sturm, Juventus Turin)
Rekordspielerin: Patrizia Panico (1996 bis 2014, 196 Spiele)
Rekordtorschützin: Elisabetta Vignotto (1970 bis 1989) und Patrizia Panico (1996 bis 2014, beide 107 Tore)

Ein Jahr später gelang die souveräne Qualifikation für die Weltmeisterschaft 2019, was die erste Teilnahme an einer weltweiten Endrunde nach 20 Jahren Abstinenz darstellen sollte. Mit dem Einzug ins Viertelfinale stellten die Italienerinnen bei ihrem WM-Comeback auch gleich das beste Ergebnis ihrer Verbandsgeschichte ein – 1991 kamen die Südeuropäerinnen schon einmal in die Runde der letzten acht Teams.

Überhaupt waren die Neunziger Jahre die beste Dekade der italienischen Fußballfrauen. Zweimal erreichten die Azzurre damals das EM-Finale, verloren aber 1993 gegen Norwegen ebenso wie vier Jahre später gegen Deutschland. Nach dem Jahrtausendwechsel verschwand der italienische Frauenfußball international in der Bedeutungslosigkeit. Bis zur Rückkehr auf die Weltbühne waren zwei Viertelfinalteilnahmen bei Europameisterschaften die größten Achtungserfolge. Dabei haben die italienischen Fußballerinnen Pionierarbeit geleistet.

Große Mehrheit spielt in Italien

Noch bevor der Frauenfußballverband Italiens im März 1968 gegründet wurde, hatte Wochen zuvor eine italienische Auswahl ihr erstes Länderspiel gegen die Tschechoslowakei bestritten. Ein Jahr später gewann Italien den »Coppa Europa per Nazioni«, ein Vorgängerturnier der späteren Europameisterschaft. Es sollte bis dato der einzige Titel bleiben. Unwahrscheinlich, dass 2023 der erste offizielle Titel hinzukommen wird. Zwar verfügt Italien wieder über eine kompetitive Auswahl, zu den Turnierfavoriten gehört das Team aber auch unter Bertolini nicht. Die Qualifikation zur WM war zudem umkämpft, nachdem das Hinspiel gegen Verfolger Schweiz verloren wurde, waren die Italienerinnen im Kampf um den Gruppensieg im Rückspiel auf eine erfolgreiche Revanche angewiesen, die durch ein spätes Tor von Cristiana Girelli mit 1:0 gelang. Die bei der WM 33-Jährige ist auch die erfolgreichste aktive Torschützin des Nationalteams und wurde im Frühjahr 2023 als erste Spielerin geehrt, die für Juventus Turin mindestens 100 Tore schoss. Auffällig: Bis auf Mittelfeldakteurin Aurora Galli vom FC Everton in England spielen sämtliche Spielerinnen, die 2022 in den Nationalkader berufen wurden, bei italienischen Vereinen. ⚽

Argentinien

Konföderation: CONMEBOL
Spitzname: Las Chicas (Die Mädchen)
Titel: Südamerikameister 2006
Bestes WM-Ergebnis: Vorrunde 2019 (Aus als Gruppendritter gegen England, Japan und Schottland)
Trainer: José Carlos Borrello (Argentinien, seit Juli 2017)
Aktuelle Topspielerinnen: Estefanía Banini (Mittelfeld, Atlético Madrid), Vanesa Santana (Mittelfeld, Sporting de Huelva), Dalila Ippólito (Parma Calcio 2022)
Rekordspielerin: *
Rekordtorschützin: *

*Der Fußballverband Argentiniens weist keine entsprechenden Statistiken aus.

Sieg über Sexismus im eigenen Verband

Lange mussten die »Las Chicas« gegen Widerstände im eigenen Verband AFA kämpfen. Die AFA stellte mangels Interesses 2016 kein Frauenteam, die FIFA nahm Argentinien infolgedessen aus der Weltrangliste.

Stattdessen gab die AFA Spielern, Trainern und Journalisten zur Männer-WM 2018 in Russland einen Leitfaden an die Hand, wie man mit russischen Frauen flirtet – ein Männlichkeitswahn, der die damaligen Zustände passend veranschaulicht. Umso größer war der Jubel nach dem 0:0 im ersten Gruppenspiel der WM 2019 gegen Japan, nachdem das Programm zwei Jahre zuvor wieder aufgenommen wurde. Zwölf Jahre nachdem die Argentinierinnen mit der aktuellen Kapitänin Vanina Correa im Tor gegen Deutschland mit 0:11 das höchste WM-Ergebnis der Geschichte hatten hinnehmen müssen, feierten sie gegen den Vizeweltmeister ihren ersten Punktgewinn bei einer WM. Doch auch bei ihrer nun vierten WM-Teilnahme haben die Argentinierinnen mit internen Querelen zu kämpfen, unter Trainer José Carlos Borrello ist nicht jede Spielerin bereit das himmelblaue Trikot zu tragen. Ob so der erste Sieg gelingen kann? ⚽

Estefanía Banani ist Argentiniens Starspielerin von Atlético Madrid.

Der Afrikameister: Zum zweiten Mal dabei

Südafrika

Konföderation: CAF
Spitzname: Banyana Banyana (Mädchen Mädchen)
Titel: Afrikameister 2022, Südafrikameister 2002, 2006, 2017, 2018, 2019, 2020
Bestes WM-Ergebnis: Vorrunde 2019 (Aus als Gruppenletzter gegen China, Deutschland und Spanien)
Trainerin: Desiree Ellis (Südafrika, seit September 2016)
Aktuelle Topspielerinnen: Noko Matlu (Abwehr, SD Eibar), Refiloe Jane (Mittelfeld, US Sassuolo), Linda Motlhalo (Mittelfeld, Glasgow City)
Rekordspielerin: Janine van Wyk (seit 2005, 180 Spiele*)
Rekordtorschützin: Portia Modise (2000 bis 2015, 101 Tore)

*zum Jahresende 2022

Dank eines Doppelpacks von Hildah Magaia reist Südafrika als aktueller Afrikameister zur WM.

Die Stürmerin, die beim südkoreanischen Verein Sejong Sportstoto unter Vertrag steht, löste damit aber nicht nur das WM-Ticket für die »Banyana Banyana«, sie sorgte auch für den ersten großen Titel des südafrikanischen Frauen-Nationalteams. Die Geschichte der Auswahl ist dabei noch jung. Erst 1993, zwei Jahre nach der ersten Fußball-WM, gaben die Südafrikanerinnen ihr Länderspieldebüt, das mit 14:0 gegen Swasiland gleich torreich gewonnen wurde. 2023 steht Trainerin Desiree Ellis, die zwischen 1993 und 2002 selbst 32 Mal für Südafrika auflief, eine Mischung aus gestandenen Spielerinnen, wie der 37 Jahre alten Verteidigerin Noko Matlou, und Akteurinnen im besten Fußballalter zur Verfügung. Hildah Magaia ist bei der WM 28 Jahre alt. ⚽

Mit Talent und Leidenschaft

Die Euphorie der Europameisterschaft mitnehmen. Zwar musste sich das deutsche Nationalteam im Sommer 2022 im Finale von Wembley gegen England geschlagen geben, doch hat die deutsche Auswahl eine Welle der Begeisterung unter den Fußballfans in der Heimat entfacht.

Auf eine optimale Vorbereitung wird es bei der WM ankommen: Die deutschen Spielerinnen beim Training von links: Alexandra Popp, Sophia Kleinherne, Nicole Anyomi, Linda Dallmann, Sara Doorsoun, Sydney Lohmann, Tabea Waßmuth.

Frauenfußball tritt auch in Deutschland mehr und mehr aus dem Schatten der gefühlten männlichen Übermacht heraus. 2022 zogen die deutschen Frauen sogar mehr Zuschauer vor den Fernseher als die Männer bei der im Winter ausgetragenen Weltmeisterschaft in Katar.

Doch die Europameisterschaft in England soll kein Sommermärchen bleiben. Es gilt, trotz der für Europa ungünstigen Anstoßzeiten an frühen Morgen oder zur Mittagszeit, sportlich an das anzuknüpfen, was die deutsche Auswahl zuletzt im EM-Verlauf gezeigt hat. Vor einem Jahr

war das Team von Bundestrainerin Martina Voss-Tecklenburg mit einer beherzten Spielweise aufgetreten, hatte spielerische Akzente gesetzt, den Kampf gegen härtere Gegnerinnen angenommen und ist dabei stets authentisch geblieben.

Um Alexandra Popp bildete sich zudem eine Storyline, die von der berichterstattenden Zunft gerne aufgenommen wurde. Popp, die erfahrene Anführerin und Kapitänin, die zu Turnierbeginn nur Einwechselspielerin war, von der Corona-Erkrankung Lea Schüllers profitierte und fortan in jedem Spiel traf. Neben dem Platz flogen der deutschen Auswahl

ebenso die Herzen der Fans zu. Witzig in den Pressekonferenzen und Interviews, nahbar für die Anhängerschaft, jederzeit offen für Autogrammwünsche.

Doch fernab des vergangenen Wettbewerbs heißt es in diesem Jahr am anderen Ende der Welt erfolgreich Fußball zu spielen. Auch wenn die Unterstützung aus dem Heimatland nicht so unmittelbar wie bei einem in Europa ausgetragenen Turnier jederzeit präsent sein wird. Was ist also drin für das deutsche Team bei dieser Weltmeisterschaft?

Klar scheint, dass die DFB-Frauen neben – oder zumindest knapp hinter –

den USA und England zu den Top Drei Titelkandidaten gehören. Wer in Wembley erst in der Verlängerung vom Gastgeber geschlagen wird, hat ohne den Heimvorteil des Turnierfavoriten keinen Grund sich hinter dem Europameister zu verstecken. Andere starke europäische Nationen, wie Spanien oder Frankreich, scheinen in sportpolitischen Auseinandersetzungen verstrickt, so dass sie aller Voraussicht nach nicht in Topbesetzung anreisen werden.

Die EM-Heldinnen werden fit

Voss-Tecklenburg kann hingegen weitestgehend aus dem Vollen schöpfen, vereinzelte Verletzungen gibt es bei jedem Team naturgemäß zu beklagen. Giulia Gwinn scheint indes den Sprung auf den WM-

Zug nach einem Kreuzbandriss noch zu schaffen, Linda Dallmann wackelte im Frühjahr mit einem Riss des Syndesmosebands. Ansonsten stehen wenige Wochen vor der Kadernominierung alle wichtigen Spielerinnen, die in England für Furore gesorgt hatten, zur Verfügung. Lediglich auf die erfahrene Almuth Schult muss Voss-Tecklenburg verzichten. Die Torfrau, zuletzt hinter Merle Frohms die Nummer zwei, ist wegen einer Schwangerschaft nicht dabei.

Auf eine Rückkehr von Dzsenifer Marozsán in den Kreis des Nationalteams hoffte Voss-Tecklenburg bis Ende März vergeblich. Deutschlands dreifache Fußballerin des Jahres hatte die EM mit einem kurz vor Turnierbeginn erlittenen Kreuzbandriss verpasst und erklärte wenige Monate vor WM-Beginn ihre Karriere im DFB-Trikot für beendet. Natürlich hätte eine Marozsán in Topform dem Mittelfeldspiel des deutschen Nationalteams noch einmal etwas mehr Erfahrung gegeben, doch die herausragenden Leistungen bei der zurückliegenden EM gelangen auch ohne sie.

Im engen Favoritenkreis

Merle Frohms ist im Tor gesetzt, vor ihr verteidigen Marina Hegering und Kathrin Hendrich in der Innenverteidigung. Ist Giulia Gwinn rechtzeitig fit, ist mit ihr auf der rechten Außenverteidigerinnenposition zu rechnen. Ihr linkes Pendant heißt Felicitas Rauch. Im Mittelfeld gelten Lena Oberdorf, Sara Däbritz und Lina Magull als gesetzt, davor duellieren sich Alexandra Popp, Svenja Huth, Klara Bühl und Lea Schüller um drei offensive Plätze.

Dahinter drängen viele talentierte Spielerinnen ins Team und können auch von der Bank jederzeit für einen Schub sorgen. Sydney Lohmann, Jule Brand oder Sjoeke Nüsken zum Beispiel – oder So-

Möchte gerne den dritten Stern für das DFB-Team gewinnen. Trainerin Martina Voss-Tecklenburg beobachtet konzentriert das Team-Training.

Deutschland 🇩🇪

Nation: Deutschland
Konföderation: UEFA
Spitzname: DFB-Frauen
Titel: Weltmeister 2003, 2007, Europameister 1989, 1991, 1995, 1997, 2001, 2005, 2009, 2013
Bestes WM-Ergebnis: Weltmeister 2003 (Sieg im Finale gegen Schweden), Weltmeister 2007 (Sieg im Finale gegen Brasilien)
Trainerin: Martina Voss-Tecklenburg (seit 26. April 2018)
Aktuelle Topspielerinnen: Alexandra Popp (Sturm, VfL Wolfsburg), Lena Oberdorf (Mittelfeld, VfL Wolfsburg), Sara Däbritz (Mittelfeld, Olympique Lyon)
Rekordspielerin: Birgit Prinz (1994 bis 2011, 214 Spiele)
Rekordtorschützin: Birgit Prinz (1994 bis 2011, 128 Tore)

»Wir möchten nicht länger belächelt werden, sondern unsere Leistungen respektiert wissen.«

Martina Voss-Tecklenburg, Bundestrainerin

phia Kleinherne. Voss-Tecklenburg ist nicht immer zu beneiden, wenn sie sich aus diesem Fundus exzellenter Spielerinnen nur für elf entscheiden darf. Für die deutschen Fans könnte die Ausgangslage nicht besser sein. Deutschland fährt als einer der Turnierfavoriten nach Australien und Neuseeland und man kann sich sicher sein: dieses deutsche Team wird mit Leidenschaft um den Titel kämpfen. ⚽

Kuriose Anfänge

Mit 2:0 führten die Südkoreanerinnen nach Toren von Choe Yu-ri und Rekordnationalspielerin Ji So-yun zur Pause im Endspiel der vergangenen Asienmeisterschaft im Februar 2022.

Weltmeisterschaft 2019 in Frankreich: Südkorea vor dem Gruppenspiel gegen Norwegen. Zwei Elfmeter entscheiden das Spiel zugunsten der Norwegerinnen.

D och dann erzielte China noch drei Treffer und verwehrte Südkorea den ersten Titel in der Geschichte seines Frauen-Nationalteams. Eine Geschichte, die durchaus kurios ist.

Bereits kurz nach Gründung der Republik Südkorea 1948 fanden im Juni 1949 Fußballpartien im Rahmen der Nationalen Mädchen- und Frauensportspiele statt. Doch während Sportarten wie Basket- und Volleyball öffentliche Anerkennung fanden, wurde von Frauen gespielter Fußball als unpassend empfunden, die Teams aufgelöst und das Programm eingestellt. Nicht weniger merkwürdig ging es 1990 zu. Nachdem bei den Asienspielen in Peking erstmals auch ein Frauenfußballturnier ausgetragen werden sollte, entschied die südkoreanische Sportbehörde, ein Nationalteam dorthin zu senden. Mangels Fußballerinnen wurde ein Team aus Athletinnen zusammengestellt, die in anderen Sportarten zuhause waren. Die Ergebnisse waren entsprechend niederschmetternd. Zum Auftakt gab es im ersten offiziellen Länderspiel der Verbandsgeschichte ein 1:13 gegen Japan. Nach weiteren Niederlagen gegen China, Chinesisch Taipeh und Nordkorea schlossen die Südkoreanerinnen den Wettbewerb auf dem letzten Platz ab.

Doch das ist lange her. Südkorea reist nun als asiatischer Vizemeister zu seiner vierten WM-Teilnahme. Der größte Erfolg gelang 2015 in Kanada, als die Asiatinnen nach einer Niederlage gegen Brasilien zunächst den ersten WM-Punkt gegen Costa Rica holten, dann Spanien mit 2:1 schlugen und ins Achtelfinale gegen Frankreich einzogen. Trainer ist seit 2019 Colin Bell, der im deutschen Fußball bereits seine Spuren hinterlassen hat. Mit dem 1. FFC Frankfurt gewann der Engländer 2015 die UEFA Women's Champions League im Finale gegen Paris Saint-Germain.

In seinem aktuellen Team versammelt Bell weitestgehend Spielerinnen, die in der südkoreanischen Liga spielen. Nur wenige Akteurinnen haben den Sprung nach Europa geschafft. Dazu zählen die Mittelfeldspielerinnen Lee Geum-min und Park Ye-eun, die beide für Brighton & Hove Albion in der Women's Super League in England unter Vertrag stehen. Hinter Gruppenfavorit Deutschland hat Südkorea gute Chancen sich vor Kolumbien und Marokko zum zweiten Mal für eine WM-K.o.-Phase zu qualifizieren.

Südkorea

Konföderation: AFC
Spitzname: Taegeuk Ladies/Ultimative Damen
Titel: /
Bestes WM-Ergebnis: Achtelfinale 2015 (Aus gegen Frankreich)
Trainer: Colin Bell (England, seit 18. Oktober 2019)
Aktuelle Topspielerinnen: Ji So-yun (Mittelfeld, Suwon UDC), Lee Geum-min (Mittelfeld, Brighton & Hove Albion), Cho So-hyun (Sturm, Tottenham Hotspur)
Rekordspielerin: Ji So-yun (seit 2006, 142 Spiele*)
Rekordtorschützin: Ji So-yun (seit 2006, 65 Tore*)

*zum Jahresende 2022

Alles andere als kalter Kaffee

Am 13. Juni 2015 sorgte Kolumbien für eine der größten Überraschungen der jüngeren WM-Historie.

Bei ihrer zweiten WM-Teilnahme gewannen die Südamerikanerinnen ihr Vorrundenspiel gegen die favorisierten Französinnen mit 2:0 und erreichten das Achtelfinale. Nachdem die Kolumbianerinnen das WM-Turnier von 2019 verpasst hatten, qualifizierte sich das Team von Trainer Nelson Abadía als südamerikanischer Vizemeister für die Endrunde 2023. Kapitänin Daniela Montoya führt eine physisch starke Auswahl aufs Feld,

die Deutschlands zweiter Gruppengegner ist und nicht unterschätzt werden darf. Das Überstehen der Gruppenphase gilt dennoch als Erfolg und Rekordtorschützin Catalina Usme traf schon 2015 gegen Frankreich. Den kuriosesten Spitznamen aller Teilnehmer haben die Kolumbianerinnen jedenfalls inne: »Die Kaffeekannen« ist eine Anspielung auf die große Kaffeetradition der südamerikanischen Nation. ⚽

Leicy Santos von Atlético Madrid (10) gehört zu den besten Spielerinnen Kolumbiens. Die 26-jährige, 1,60 Meter große Mittelfeldspielerin, spielt seit 2019 in der spanischen Liga F, der ersten spanischen Liga, bei Atlético Madrid.

Premiere gegen Deutschland

Der Star sitzt auf der Trainerbank. Reynald Pedros wurde 2018 nach dem Gewinn mehrerer Titel mit Olympique Lyon zum FIFA-Welttrainer im Frauenfußball ausgezeichnet.

Anlässlich der Vergabe der Afrikameisterschaft 2022 nach Marokko nutzte der marokkanische Fußballverband FRMF die Gelegenheit, um sein Frauen-Programm neu aufzulegen. Pedros übernahm die »Löwinnen vom Atlas« im folgenden November und schrieb sofort Geschichte. Erstmals qualifizierte sich eine nordafrikanische und arabische Nation für das Finale der Kontinentalmeisterschaft, zum ersten Mal ist 2023 ein arabisches Team bei

einer WM-Endrunde dabei. Erst zweimal zuvor, 1998 und 2000, war Marokko überhaupt für eine Afrikameisterschaft qualifiziert. Das Los wies Deutschland als Auftaktgegner für Marokkos WM-Premiere aus. Ein undankbarer Gegner, wird auf dem Papier doch ein deutscher Kantersieg erwartet. In Wahrheit warten aber bestens trainierte, hoch motivierte und stolze Gegnerinnen auf das Team von Bundestrainerin Martina Voss-Tecklenburg. ⚽

Kolumbien

Konföderation: CONMEBOL
Spitzname: Las Chicas Superpoderosas (Die Powerpuff Mädchen), Las Cafeteras (Die Kaffeekannen)
Titel: /
Bestes WM-Ergebnis: Achtelfinale 2015 (Aus gegen die USA)
Trainer: Nelson Abadía (Kolumbien, seit 20. September 2017)
Aktuelle Topspielerinnen: Daniela Montoya (Mittelfeld, Atlético Nacional), Mayra Ramírez (Sturm, UD Levante), Leicy Santos (Sturm, Atlético Madrid)
Rekordspielerin: Catalina Usme (seit 2006, 75 Spiele*)
Rekordtorschützin: Catalina Usme (seit 2006, 38 Tore*)

*zum Jahresende 2022

Marokko

Konföderation: CAF
Spitzname: Lionesses of Atlas (Löwinnen vom Atlas)
Titel: /
Bestes WM-Ergebnis: Qualifikation für WM 2023
Trainer: Reynald Pedros (Frankreich, seit November 2020)
Aktuelle Topspielerinnen: Sabah Seghir (Abwehr, Sampdoria Genua), Élodie Nakkach (Mittelfeld, Servette Genf), Rosella Ayane (Sturm, Tottenham Hotspur)
Rekordspielerin: **
Rekordtorschützin: **

**Der Fußballverband Marokkos weist keine entsprechenden Statistiken aus.

STARS

Die 28-jährige Engländerin Beth Mead ist eine der besten Spielerinnen bei der Europameisterschaft 2022. Die Stürmerin wird in allen sechs Turnierspielen ihres Teams eingesetzt, erzielt dabei sechs Tore, womit sie zusammen mit Alexandra Popp erfolgreichste Torschützin der EM ist. Sie wird zur besten Spielerin des Turniers gewählt und in die »Elf des Turniers« berufen.

Alex Morgan

2019 zierte Alex Morgan das Cover des *Time Magazin* in den USA. Die US-Stürmerin stand nicht nur dem amerikanischen Nationalteam vor, sie dominierte auch die Fußball-Debatte abseits des Spielfelds.

Die gebürtige Kalifornierin hatte zusammen mit 27 anderen Spielerinnen eine Sammelklage gegen den US-amerikanischen Verband USSF eingereicht. Die organisierten Spielerinnen standen auf, um sich für »Equal Pay« einzusetzen, also der finanziellen Gleichbehandlung zwischen männlichen und weiblichen Nationalspielern und -spielerinnen. Zu diesem Zeitpunkt zahlte der US-Verband den Frauen nur etwa 38 Prozent des Lohns, den die Männer erhielten. Treffend lautete das Titelthema des Magazins »The Equalizer« (»Der Ausgleicher/Die Ausgleicherin«).

Im gleichen Jahr führte das gleiche Magazin Morgan in seiner Liste der 100 einflussreichsten Personen weltweit. Den Text über Morgan durfte die frühere US-Topspielerin Mia Hamm verfassen. Überhaupt ist Morgan aufgrund ihrer Bedeutung als Fußballspielerin und ihres gesellschaftlichen Standings eine Persönlichkeit, über die in der US-Presse weit über den Sportteil der Tageszeitungen hinaus geschrieben wird. So wurde Morgan auch in vielen weiteren Magazinen, wie der Vogue oder der Fortune, behandelt und vorgestellt. Natürlich berichtete auch die Sports Illustrated mehrfach über sie – und lichtete Morgan in Bademode ab, 2012 sogar nur in einem aufgemalten Bikini.

Gleiche Standards für Frauen

Doch nicht nur die unterschiedliche finanzielle Behandlung zwischen männlichen und weiblichen Fußballern und Fußballerinnen ist Morgan ein Dorn im Auge. Im WM-Halbfinale 2019 feierte sie ihr Siegtor gegen England mit einer Geste, in der sie eine imaginäre Teetasse zu

ihrem Mund führte. Die Presse witterte eine Verhöhnung der englischen Gegenspielerinnen und derer Genussgewohnheiten, doch Morgan wollte sich von der britischen Schauspielerin Sophie Turner inspirieren wissen. Die Game-of-Thrones-Darstellerin lässt Posts auf ihrem Instagram-Kanal gerne mit den Worten »that's the tea« (»das ist das Gerücht«) enden. Morgan stellte fest, dass für Männer und Frauen offensichtlich auch unterschiedliche Standards angewendet würden.

Ihr Vater war der erste Trainer

Auch abseits des Kampfes um Gleichstellung der Geschlechter ist Morgan engagiert. Mit ihrem Ehemann Servando Carrasco, den sie bereits auf der University of California kennenlernte, reiste die vielfach beachtete Kinderbuchautorin 2017 als Sportbotschafterin des US-Außenministeriums nach Tansania, um dort Schulen zu besuchen und Fußballtrainings zu veranstalten. Im Mai 2020 wurde Morgan Mutter und gebar ihre Tochter Charlie Elena, nur um kurz darauf wieder auf dem Fußballplatz zu stehen. Morgan verzichtet in ihrer Ernährung auf tierische Produkte und wurde von der Tierschutzorganisation PETA 2019 zur schönsten prominenten Veganerin gekürt. Einmal nur leistete sie sich auch einen Fehltritt. 2017 wurde der Nationalspielerin Hausfriedensbruch vorgeworfen, als sie sich inmitten einer Gruppe weiterer Sportler und Sportlerinnen im Epcot-Themenpark in Florida aggressiv gegenüber den Park-Mitarbeitern sowie anderen Besuchern verhielt – offenbar alkoholisiert. Später entschuldigte sich Morgan öffentlich für ihr Verhalten. Auf dem Platz ist Morgan aber eine der

größten Spielerinnen, die der US-Fußball bislang hervorgebracht hat. Sie wuchs als drittes Mädchen ihrer Eltern Pamela und Michael auf und probierte in ihrer frühen Jugend mehrere Sportarten aus. Erst im Alter von 14 Jahren zeichnete sich eine Präferenz für den Fußball ab und sie schloss sich einem Verein, Cypress Elite, an. Ihr Vater war einer ihrer ersten Trainer. Der Grundstein für eine große Karriere war so gelegt. Bereits mit der U16 gewann sie die Meisterschaft in der Coast Soccer League. Ab 2007 spielte Morgan

Info 🇺🇸

Geboren: 2. Juli 1989 in Diamond Bar, USA
Position: Sturm
Größe: 170 cm
Gewicht: 62 kg
Rückennummer: 13
Vereine: California Storm (2010), Pali Blues (2010), Western New York Flash (2011), Seattle Sounders Women (2012), Portland Thorns FC (2013 bis 2015), Orlando Pride (2016, 2017 bis 2020 und 2021), Olympique Lyon (2017), Tottenham Hotspur (2020), San Diego Wave (seit 2022)
Größte Erfolge: Weltmeisterin 2015 und 2019, U20-Weltmeisterin 2008, Olympisches Gold 2012, Französische Meisterin 2017, Französische Pokalsiegerin 2017, US-Meisterin 2011 und 2013, Champions-League-Siegerin 2017, US-Fußballerin des Jahres 2012 und 2018, Nordamerikanische Fußballerin des Jahres 2013, 2016, 2018, US-Torschützenkönigin 2022

Sowohl auf dem Platz wie auch neben dem Platz macht Alex Morgan eine gute Figur. Hier beim Vorbereitungsspiel zur WM 2019 gegen Mexiko.

dann für das Uni-Team der California Golden Bears auf College-Niveau. Parallel erhielt sie erste Einladungen für die U20-Nationalauswahl, mit der sie 2008 die U20-Weltmeisterschaft in Chile gewann. Beim 2:1 im Finale gegen Nordkorea gelang Morgan das wichtige Tor zum 2:0-Zwischenstand kurz vor der Pause.

Mit dem US-Team erfolgreich

Im Trikot der USA folgten weitere große Erfolge. Sie holte 2012 mit der US-Auswahl olympisches Gold im Finale gegen Japan und gewann 2015 und 2019 jeweils den WM-Titel, hinzu kam der Gewinn der Nordamerikameisterschaft 2018. So erfolgreich Morgan mit dem Nationalteam war, so wenige Titel errang sie auf Vereinsebene. Auch, weil sie stets eine Reisende zwischen den Vereinen war und ihre Verweildauer an manchem Standort nur wenige Spiele betrug. Sportlich am erfolgreichsten verlief ihre halbe Saison in Diensten von Olympique Lyon. Dem französischen Verein schloss sie sich erst im Januar 2017 an, gewann die nationale Meisterschaft und den Pokal sowie die Champions League und spielte im Juni bereits wieder für Orlando Pride in der US-Profiliga NWSL.

Auch im fortgeschrittenen Sportlerinnenalter, Morgan feiert kurz vor Beginn der Weltmeisterschaft ihren 34. Geburtstag, hört sie noch immer auf ihren Spitznamen »Baby Horse« (»Fohlen«), der ihr im Kreise des Nationalteams einst für ihren jugendlichen Spiel- und Laufstil sowie für ihre Geschwindigkeit verliehen wurde. ⚽

Megan Rapinoe

Auf dem Platz und neben dem Platz schon eine Legende: Megan Rapinoe ist eine Spielerin, die auch vor unbequemen Haltungen und Meinungen nicht zurückschreckt.

Info

Geboren: 5. Juli 1985 in Redding, Kalifornien, USA
Position: Mittelfeld
Größe: 170 cm
Gewicht: 60 kg
Rückennummer: 15
Vereine: Chicago Red Stars (2009 bis 2010), Philadelphia Independence, magicJack, Sydney FC (alle 2011), Seattle Sounders (2012), Olympique Lyon (2013), OL Reign (seit 2013)
Größte Erfolge: Weltmeisterin 2015 und 2019, Vize-Weltmeisterin 2011, Olympiasiegerin 2012, College-Meisterin 2005, FIFA-Weltfußballerin 2019, WM-Torschützenkönigin 2019, Beste Spielerin der WM 2019

Ihr Schweigen beim Abspielen der US-Hymne vor Spielen des Nationalteams im Rahmen der Weltmeisterschaft 2019 brachte Donald Trump zum Kochen.

Der damalige US-Präsident echauffierte sich über den Social-Media-Dienst Twitter über das unpatriotische Verhalten der Stürmerin. Doch die Kritik von höchster Stelle prallte an ihr ab. Rapinoe führte die USA mit sechs Toren im Turnierverlauf zum Titel, wurde Torschützenkönigin, die beste Spielerin des Turniers und später Weltfußballerin.

Eine mögliche Einladung ins Weiße Haus lehnte sie bereits vor dem Finale gegen die Niederlande ab. »Wir haben rosa und lila Haare, Tattoos und Dreadlocks, wir haben weiße Mädchen, schwarze Mädchen und was dazwischen liegt. Wir haben hetero- und homosexuelle Mädchen. Es gibt keinen anderen Ort, an dem ich lieber sein würde, nicht einmal im Rennen um die Präsidentschaft. Es tut mir leid, ich bin zu beschäftigt«, sagte

Rapinoe gegenüber dem US-Fußballmagazin »Eight by Eight«. Einmal ins politische Geschehen involviert, unterstützte sie bei der folgenden US-Wahl öffentlichkeitswirksam Kandidaten der demokratischen Partei.

Schon früh hat sich Rapinoe öffentlich zu ihrer eigenen Homosexualität bekannt und es gibt kaum ein sport- oder gesellschaftspolitisches Thema, in das sie sich nicht involviert. Schon im September 2016 solidarisierte sie sich mit Colin Kaepernick und kniete wie der Footballprofi bei der US-Hymne vor Spielen ab. Der Kampf gegen Diskriminierung von Minderheiten, ihr Einsatz gegen Rassismus und nicht zuletzt die öffentliche Auseinandersetzung mit Präsident Trump brachten ihr über ihre fußballerischen Qualitäten hinaus weltweite Aufmerk-

samkeit. Rapinoe fällt auf, durch ihre Läufe auf dem linken Flügel, durch ihre stets bunt gefärbten Haare, durch ihre Haltung, die sie so offen vertritt.

Ihre Rolle auf dem Platz ist seit dem letzten WM-Triumph indes kleiner geworden. Nach einjähriger Pause wurde die zur WM 38-Jährige erst wieder zur Länderspielserie im Herbst 2022 sowie zum SheBelieves Cup im Frühjahr 2023 nominiert. »Wenn sie fit ist, ist sie im Kader«, sagte US-Trainer Vlatko Andonovski auf einer Pressekonferenz. »Ihre Erfahrung und das Durchstehen von Widrigkeiten, das Durchstehen schwieriger Zeiten, ihre Siegermentalität, ihr Wissen und ihr Verständnis sind sehr wertvoll für das Team«, lobte der 46-Jährige die Eigenschaften der US-Fußball-Ikone, auf die er auch bei der WM 2023 nicht verzichten mag. ⚽

Keira Walsh

In der 62. Minute des EM-Finales 2022 hatte Ella Toone ihren großen Auftritt. Mit einem Steilpass wurde die kurz zuvor erst eingewechselte Offensivspielerin auf die Reise geschickt und lupfte den Ball frei über Merle Frohms zum 1:0 für England hinweg.

Toone drehte ab und verschwand in einer Jubeltraube. England wurde durch ein 2:1 über Deutschland Europameister. Den entscheidenden Pass hatte aber Keira Walsh in absoluter Perfektion über das halbe Feld gespielt und sich somit zumindest mit einem Assist in der Spielchronologie verewigt.

»Wonderwalsh«, wie die englische Nationalspielerin in Anlehnung an den Song »Wonderwall« der britischen Popband Oasis genannt wird, ist zusammen mit der deutschen Lena Oberdorf die beste »Sechserin« auf der Welt. Das Sportmagazin »The Athletic« beschrieb Walsh als »eine Spielerin, die man nicht sieht, wenn man sich das Spiel anschaut. Wenn man aber Walsh beobachtet, sieht man das Spiel«. Selbst ohne den Ball, weiß sie sich so geschickt wie keine andere zu verschieben, dass für eine ballführende Mitspielerin neue Räume und Passmöglichkeiten entstehen.

Acht auf einen Streich

Die 26-Jährige ist Taktgeberin im Spiel Englands, verschleppt das Tempo und zieht es an. Keine Spielerin auf der Welt spielt Pässe mit ihrer Selbstverständlichkeit. Den Kurzpass, um das Spiel zu beruhigen, den weiten Pass, um einen Angriff zu öffnen – oder auch trickreiche Pässe, gegen die eigene Blickrichtung. Mit ihrer enormen Spielintelligenz ist sie Gegenspielerinnen gedanklich stets einen Schritt voraus. Ein tiefer Pass beim SheBelieves Cup 2019 gegen Japan, mit dem sie acht gegnerische Spielerinnen aus dem Spielzug nahm, ging viral und steht sinnbildlich für Walshs Qualitäten.

Buslinie nach ihr benannt

Beim FC Barcelona, für den sie seit 2022 spielt, wird sie mit Vereinslegende Sergio Busquets verglichen. Längst ist sie auch der Herzschlag im Spiel der Katalaninnen. Ihre Weggefährtin bei der Nationalauswahl und beste Freundin ist Kapitänin Leah Williamson, mit der sie seit der U15 für England spielt. Privat setzt Walsh sich für die Akzeptanz psychischer Krankheiten ein und schaltet selbst mit ihrem West Highland White Terrier »Narla« ab. In ihrer Heimatstadt Rochdale fährt eine Buslinie unter dem Namen »Keira Walsh«. ⚽

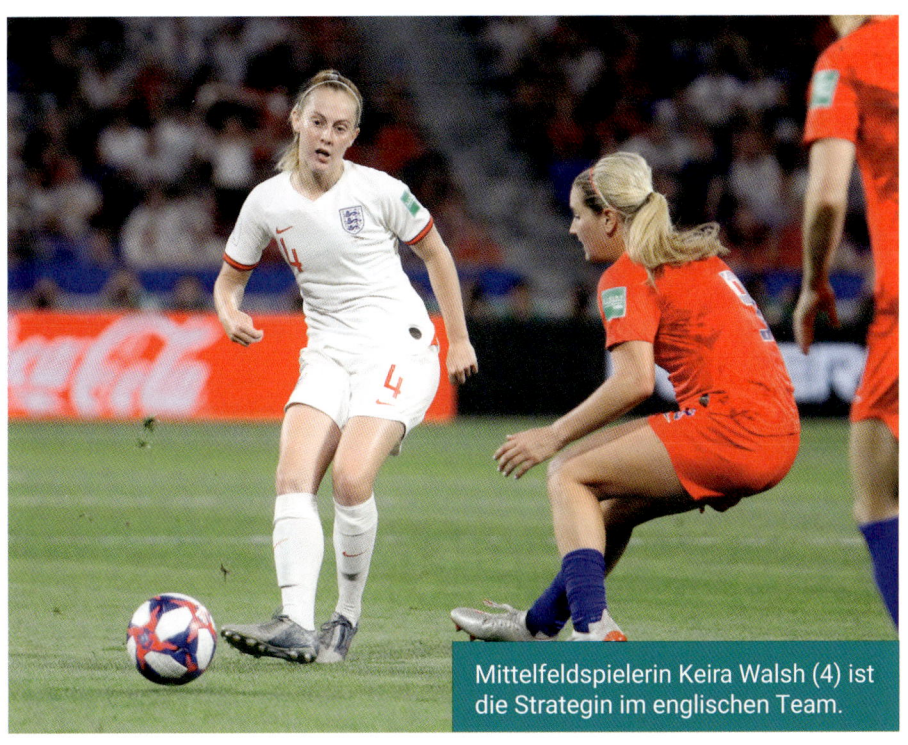

Mittelfeldspielerin Keira Walsh (4) ist die Strategin im englischen Team.

Info

Geboren: 8. April 1997 in Rochdale, England
Position: Mittelfeld
Größe: 168 cm
Gewicht: 67 kg
Rückennummer: 4 (England), 21 (FC Barcelona)
Vereine: Blackburn Rovers (2014), Manchester City (2014 bis 2022), FC Barcelona (seit 2022)
Größte Erfolge: Europameisterin 2022, Englische Meisterin 2016, Englische Pokalsiegerin 2017, 2019, 2020, Englische Ligapokalsiegerin 2014, 2016, 2019, 2022

Jennifer Hermoso

Sie ist der letzte verbliebene Topstar der spanischen Nationalauswahl, mit der Trainer Jorge Vilda fest für die Weltmeisterschaft planen kann.

Seit einem Aufstand etlicher Spielerinnen im Herbst 2022 sind Alexia Putellas und Aitana Bonmatí, die zur absoluten Weltspitze im Frauenfußball gehören, nicht mehr nominiert worden. Jennifer Hermoso ist unbeeindruckt von den Streitigkeiten weiterhin dabei, führt das Team als Kapitänin an und steht ihren ausgeladenen Kameradinnen sportlich in nichts nach. »Jenni« ist mehrfache Torschützenkönigin der spanischen Liga und Rekordtorschützin des spanischen Nationalteams.

Dass Hermoso nicht zu den Revoluzzerinnen gehörte, hat vielleicht auch mit ihrem Vereinswechsel im Sommer 2022 zu tun. Nach vielen Erfolgen mit dem FC Barcelona schloss sich die Stürmerin dem CF Pachuca aus Mexiko an und beendete damit monatelange Spekulationen um ihre Zukunft. Aus dem weiten Mexiko waren ihr die Streitigkeiten fern, die hauptsächlich von Spielerinnen entfacht wurden, die für Barcelona spielen. Bei der Vorstellung seiner neuen Spielerin entzündete ihr neuer Verein im Stadion ein Feuerwerk. Hermoso zählt dabei noch lange nicht zum alten Eisen, war 2021 mit 51 erzielten Toren die erfolgreichste Torschützin der Welt und wurde bei der Wahl zur Weltfußballerin auf den zweiten Platz hinter Putellas gewählt.

Im Laufe ihrer Karriere wurde Hermoso von einer Mittelfeldspielerin zu einer Stürmerin umfunktioniert. Als beste »Falsche Neun« der Welt setzte sie bei Barca Maßstäbe. Sie ist technisch stark und bewegt sich intelligent zwischen den Räumen. Bei Standardsituationen strahlt sie aufgrund ihrer Körpergröße ebenso Gefahr aus, wie bei ihren Schüssen aus der Distanz. Der auf Ballbesitz ausgelegte Fußball der Spanierinnen kommt Hermoso entgegen, da sie nicht zu den schnellsten Spielerinnen gehört. Unklar ist ihre Rolle bei dieser WM, sollte Spanien aufgrund des personellen Aderlasses mehr auf Pressing und Konter setzen.

Ihre technische Stärke erlernte Hermoso, die vielfach tätowiert ist, in ihrer Jugend beim Kleinfeldfußball und Futsal. Ihre Leidenschaft für den runden Ball entdeckte sie durch ihren Großvater. Antonio Hernandez nahm »Jenni« nicht nur als Kind mit zu den Heimspielen von Atlético Madrid, er berichtete ihr auch von seiner eigenen Profikarriere als Torwart der Madrilenen.

Info

Geboren: 9. Mai 1990 in Madrid, Spanien
Position: Sturm
Größe: 175 cm
Gewicht: 59 kg
Rückennummer: 10
Vereine: Atlético Madrid (2004 bis 2010 und 2018 bis 2019), Rayo Vallecano (2010 bis 2013), Tyresö FF (2013), FC Barcelona (2013 bis 2017 und 2019 bis 2022), Paris Saint-Germain (2017 bis 2018), CF Pachuca (seit 2022)
Größte Erfolge: Spanische Meisterin 2011, 2014, 2015, 2019, 2020, 2021, 2022 Spanische Pokalsiegerin 2014, 2017, 2020, 2021, Französische Pokalsiegerin 2018, Champions-League-Siegerin 2021, Spanische Torschützenkönigin 2016, 2017, 2019, 2020, 2021, Torschützenkönigin der Champions League 2021

Jennifer Hermoso Fuentes überzeugt mit Topleistungen und Vielseitigkeit. Die Stürmerin kann auch im Mittelfeld eingesetzt werden.

Asisat Lamina Oshoala

Viel Spielzeit benötigt Asisat Oshoala nicht. Zu Jahresbeginn 2023 zog die Nigerianerin internationale Aufmerksamkeit auf sich.

Für den FC Barcelona hatte die Stürmerin in drei von vier aufeinanderfolgenden Spielen jeweils einen Hattrick erzielt und sich an die Spitze der Torjägerinnenliste der Liga F, der höchsten spanischen Spielklasse, gesetzt. Von den möglichen 360 Einsatzminuten hatte die 28-Jährige nur 182 Zeigerumdrehungen auf dem Platz verbracht.

So war es auch am 16. Mai 2021. Barcelona setzte sich im Finale der Champions League mit 4:0 gegen den FC Chelsea durch. Oshoala wurde erst in der 71. Minute für Spaniens Nationalspielerin Jennifer Hermoso eingewechselt. Damals fügte sie dem Ergebnis zwar keinen eigenen Treffer hinzu, doch mit dem Titel in der europäischen Königsklasse gelang Oshoala Historisches: Sie gewann als erste afrikanische Spielerin die Champions League. Dass sie eine besondere Spielerin ist, erkannte Goodluck Jonathan bereits 2014. Der damalige nigerianische Staatspräsident nahm Oshoala als Mitglied des »Ordens des Niger« auf. Die damals 19-Jährige hatte ihr Team kurz zuvor ins Finale der U20-Frauen-Weltmeisterschaft geführt, war dort den deutschen U20-Frauen zwar unterlegen, wurde aber als beste Spielerin des Turniers ausgezeichnet und gewann mit sieben Toren die Torjägerinnenkanone. Danach führte ihr Karriereweg die gläubige Muslima von Nigeria nach England und von dort über China nach Katalonien, wo sie seit 2019 für Barcelona spielt und trifft. Über 100 Tore hat »Àgba Baller«, so ihr Spitzname,

Info

Geboren: 9. Oktober 1994 in Ikorodu, Nigeria
Position: Sturm
Größe: 173 cm
Gewicht: 70 kg
Rückennummer: 8 (Nigeria), 20 (FC Barcelona)
Vereine: FC Robo Queens (2009 bis 2013), Rivers Angels (2013 bis 2015), FC Liverpool (2015 bis 2016), FC Arsenal (2016 bis 2017), Dalian Quanjian (2017 bis 2019), FC Barcelona (seit 2019)
Größte Erfolge: Afrikameisterin 2014, 2016, 2018, Nigerianische Meisterin 2014, Nigerianische Pokalsiegerin 2014, Englische Pokalsiegerin 2016, Champions-League-Siegerin 2021, Afrikas Fußballerin des Jahres 2014, 2016, 2017, 2019, 2022

Mit dem FC Barcelona gewinnt Asisat Oshoala (20) in der Saison 2020/21, als erste afrikanische Spielerin, die Champions League.

in vier Jahren wettbewerbsübergreifend bereits für Barca erzielt. Ihr Kosename bedeutet soviel wie »Fußball-Legende«. Kein Wunder, gilt die fünfmalige afrikanische Fußballerin des Jahres doch als eine der besten Spielerinnen des schwarzen Kontinents aller Zeiten. Für Nigeria agiert die Gründerin einer Stiftung zur Förderung des Frauenfußballs in Afrika häufig aus dem Mittelfeld heraus. Dafür darf sie im Nationaltrikot stets von Beginn an ran und durchspielen. Barcelona nutzt ihre kraftvolle Spielweise und ihr außergewöhnliches Tempo indes häufig auch erst in den späten Spielphasen, wenn sie frisch von der Bank gegen bereits ermüdete Gegnerinnen ihre Qualitäten auf den Platz bringt. ✧

Samantha Kerr

Ein Flachschuss mit dem rechten Fuß ins lange Eck. Samantha Kerr war bei der Asienmeisterschaft 2010 gerade einmal 16 Jahre alt. Der Treffer zum 1:0 gegen Nordkorea war nicht nur das einzige Tor Australiens in der regulären Spielzeit des Endspiels, es war auch der charakteristische Beginn einer großen Karriere, dem noch viele wichtige und entscheidende Tore folgen sollten.

Australien gewann damals den Titel im Elfmeterschießen mit 5:4 – die junge Kerr musste damals noch nicht die Last der Verantwortung im Entscheidungsschießen auf sich schultern.

Tom Sermanni, ihr damaliger Nationaltrainer, erinnerte sich im Herbst 2022 an Kerrs Anfänge: »Sie war so neu in allem, sie war so jung, aber schon damals, sogar in diesem Alter, war sie mit den besten Spielerinnen und den besten Athletinnen im Team ganz oben«, sagte der 68-Jährige gegenüber australischen Medien. Unter Sermanni hatte Kerr sogar schon als 15-Jährige debütiert. Nervös und mit dem jugendlichen Gesicht einer Teenagerin wurde sie im Februar 2009 bei einem Testspiel gegen Italien in Canberra in der 76. Minute eingewechselt.

Covergirl neben Mbappé

Dass Kerr überhaupt den Weg zum Fußball fand und in jungen Jahren schon so durchstartete, war nicht zu erwarten. Erst im Alter von zwölf Jahren hatte sie mit dem Fußball begonnen und musste erstmal ihre Sympathie für das Spiel mit dem runden Spielgerät finden. Zuvor galt ihre Leidenschaft dem Australian Football, das dem Rugby sehr ähnlich ist und mit einem eiförmigen Ball gespielt wird. »Ich habe Fußball gehasst, als ich ein Kind war. Ich hatte auch nie einen Fußball«, sagte Kerr 2019 gegenüber der Sunday Times.

Als Heranwachsende war Kerr ihren männlichen Mitspielern beim Australian Football allerdings körperlich unterlegen. Immer öfter kam sie mit Schrammen und blauen Flecken nach Hause.

Nachdem sie sich eine aufgeplatzte Lippe zugezogen hatte, zog Kerr den Schlussstrich und suchte sich einen neuen Sport. Zunächst versuchte sie sich im am Basketball angelehnten Netzball, kam dann zum Fußball. Eine Entscheidung, die ihr Leben verändern sollte, wenngleich der Anfang nicht leicht war. Denn Perth, in dessen Süden Kerr aufwuchs, liegt an der australischen Westküste und befindet sich nicht im Fokus des australischen Fußballverbandes. »Wir müssen dieses Extra tun, um wahrgenommen zu werden. Wir müssen hungriger sein und mehr kämpfen«, sagte Kerr darauf angesprochen, dass es Talente von der Ostküste leichter hätten, um registriert zu werden.

Mittlerweile gehört die 29-Jährige zu den bekanntesten und besten Fußballerinnen der Welt, ist beliebt bei Fans, anerkannt bei Journalisten und geschätzt und geachtet von Mit- wie Gegenspielerinnen. Siebenmal wurde sie auf drei verschiedenen Kontinenten Torschützenkönigin, wurde fünfmal in drei unterschiedlichen Ligen zur wertvollsten Spielerin gekürt, hat die meisten Tore in der Geschichte der australischen Nationalauswahl erzielt und kam 2021 bei der Wahl zur weltbesten Fußballerin auf den zweiten Platz.

Auf dem Fußballfeld strotzt die 29-Jährige nur so vor Energie, gibt keinen Ball verloren und spielt mit ganzer Leidenschaft. Eigenschaften, die sich einst beim Australian Football bei ihr einprägten und die sie mit zum Fußball genommen hat, wo sie vor dem Tor zu den sichersten Schützinnen gehört. In Australien ist Kerr schon längst eine der bekanntesten Sportlerinnen, zierte die Cover mehrerer Magazine und landete auf dem Umschlag der Videospielreihe FIFA neben Männer-Superstar Kylian Mbappé.

Verantwortung vom Punkt

Auch privat scheint es gut zu laufen. Seit 2021 ist Kerr mit der US-Fußballerin Kristie Mewis liiert und teilt Momente des gemeinsamen Glücks immer mal wieder auf ihrem Instagram-Kanal. Neben Mewis und dem Fußball schlägt Kerrs Herz auch weiterhin für den Australian Football. 2019 erhielt sie das Dauerkartenticket der West Coast Eagles aus Perth, für die ihr Bruder Daniel bis 2013 aktiv war, mit der prestigeträchtigen Nummer eins.

Bei der Weltmeisterschaft zählt Kerr mit Australien nicht zu den Top-Favoriten auf die Nummer eins, aber eine

Info

Geboren: 10. September 1993 in East Fremantle, Australien
Position: Sturm
Größe: 167 cm
Gewicht: 66 kg
Rückennummer: 20
Vereine: Perth Glory (2008 bis 2011 und 2014 bis 2015), Sydney FC (2012 bis 2013), Western New York Flash (2013 bis 2014), Sky Blue FC (2015 bis 2017), Chicago Red Stars (2018 bis 2019), FC Chelsea (seit 2020)
Größte Erfolge: Asienmeister 2010 (Nationalteam), Australische Meisterin 2013, Englische Meisterin 2020, 2021 und 2022, Torschützenkönigin NWSL/ USA 2017, 2018 und 2019, Torschützenkönigin FA Women's Super League/England 2021 und 2022

Bei der WM 2019 in Frankreich gelingt Samantha Kerr am dritten Spieltag der Vorrunde gegen die jamaikanische Auswahl ein Viererpack.

Rechnung hat sie dennoch mit diesem Wettbewerb offen. Anders als noch 2010 muss Kerr mittlerweile auch bei Elfmeterschießen Verantwortung übernehmen. Nachdem sie bei der WM 2019 in der Vorrunde beim 4:1 über Jamaika noch alle vier Treffer der Matildas erzielt hatte, scheiterte sie im Achtelfinale gegen Norwegen als erste Schützin ihres Teams vom Punkt, schied aus und hat noch etwas gutzumachen. ⚽

Vivianne Miedema

Ein Salto hätte es werden sollen, ein hölzerner Purzelbaum wurde es. Im zweiten Gruppenspiel der Weltmeisterschaft von 2019 traf Vivianne Miedema in der 85. Minute zum 3:1-Endstand der Niederlande gegen Kamerun.

Ein besonderes Tor, bedeutete es für die Stürmerin doch ihren 60. Treffer im Trikot der Nationalauswahl. Damit überholte sie Manon Melis in der ewigen Torjägerinnenliste der »Oranje Leeuwinnen«. Ihrem Bruder Lars hatte sie versprechen müssen, ihr historisches Tor besonders zu feiern.

So geschichtsträchtig der Treffer, ein satter Rechtsschuss ins kurze Eck aus etwa zwölf Metern, auch war, noch besonderer war, dass Miedema ihren Treffer überhaupt bejubelte. Es gehört zu den modernen Bildern des Fußballs, dass Tore von den Schützen einstudiert und choreografiert gefeiert werden. Anders die Niederländerin, die ihre Treffer häufig eher mit einem ernsten und mürrischen Blick begleitet. »Ich bin nicht gerne

die Person, auf die alle gucken. Tore erzielen ist mein Job. Ich freue mich, wenn jemand anderes trifft«, sagte sie 2017 zu »The Guardian« kurz nach ihrem größten sportlichen Erfolg.

100. Länderspieltor in Sichtweite

Mit dem Nationalteam hatte Miedema gerade die Europameisterschaft gewonnen. Ihre großen Momente hatte sie sich für das Endspiel gegen Dänemark aufgehoben. Mit zwei Toren beim 4:2 im Finale war sie die entscheidende Spielerin. Wie so oft in ihrer Karriere, die auf Erwachsenenniveau mit dem Einsatz als 15-Jährige in der damaligen Ehrendivision für den SC Heerenveen 2011 begann. Sie wurde damit die jüngste jemals eingesetzte Spielerin in der niederländischen Liga.

Anna Margaretha Marina Astrid »Vivianne« Miedema so ihr vollständiger Name, spielte auch schon erfolgreich in der deutschen Frauen-Bundesliga für den FC Bayern München.

Info

Geboren: 15. Juli 1996 in Hoogeveen, Niederlande
Position: Sturm
Größe: 175 cm
Gewicht: 60 kg
Rückennummer: 9 (Niederlande), 11 (FC Arsenal)
Vereine: SC Heerenveen (2011 bis 2014), FC Bayern München (2014 bis 2017), FC Arsenal (seit 2017)
Größte Erfolge: Vizeweltmeisterin 2019, Europameisterin 2017, U-19-Europameisterin 2014, Deutsche Meisterin 2015, 2016, Englische Meisterin 2019, Englische Pokalsiegerin 2018, Torschützenkönigin der U-19-EM 2014, Torschützenkönigin in der BeNe League/Belgien/Niederlande 2014, Torschützenkönigin in der FA Women's Super League/England 2019 und 2020, Torschützenkönigin in der UEFA Women's Champions League 2020

Miedema, die Fan von Feyenoord Rotterdam ist, ist eine komplette Stürmerin, die beidfüßig Gefahr ausstrahlt und kopfballstark ist. Zudem glänzt sie auch als Vorbereiterin. Mit dem FC Bayern München und dem FC Arsenal sammelte sie Vereinstitel, für die niederländische Nationalauswahl fällt vielleicht bei der WM die Marke von 100 Länderspieltoren. Dabei sind ihre ersten Erinnerungen an den Fußball keine guten. Als Sechsjährige schoss ihr ein Junge einen Ball ins Gesicht, Miedema verlor dabei zwei Zähne. Gut, dass sie am Ball geblieben ist und sich durchgebissen hat. ⚽

Fridolina Rolfö

Den Griff in die Kiste empfand Fridolina Rolfö als respektlos. Als der FC Barcelona im Januar 2023 den spanischen Supercup gegen Real Sociedad gewann, wollte kein Funktionär der Schwedin ihre Siegermedaille umhängen.

Glücklicherweise war die 29-Jährige nicht persönlich gemeint und musste die Missachtung gemeinsam mit ihren Teamkolleginnen über sich ergehen lassen. Aufgrund der Verwerfungen im spanischen Verband, für den die Offiziellen einen Komplott etlicher Spielerinnen Barcelonas verantwortlich machen, wollte schlicht kein Funktionär auf Fotos mit Rolfö und Kolleginnen zu sehen sein. So entfiel das Umhängen der Medaillen, die Spielerinnen holten sich ihre Auszeichnung selbst – aus einer Kiste.

Trotzdem verlängerte Rolfö nur vier Tage später ihren Vertrag in Barcelona bis 2026, ihr sportliches Glück hat sie im Süden Europas offenbar gefunden. Ihren ersten Eindruck auf internationaler Bühne hinterließ sie hingegen hoch im Norden.

Fridolina Rolfö (16) im Champions-League-Finale am 21. Mai 2022 im Trikot des FC Barcelona gegen Olympique Lyon in Turin.

Die Ausnahme von der Regel

Im Trikot des schwedischen Linköpings FC schoss sie 2014 in der Zwischenrunde der UEFA Women's Champions League den FC Liverpool mit drei Toren beim 3:0 im Rückspiel im Alleingang ab und erhöhte so ihre internationale Bekanntheit rasant. Zweieinhalb Jahre später wechselte Rolfö in die deutsche Bundesliga und gewann nach einer Station beim FC Bayern München später mit dem VfL Wolfsburg Meisterschaft und DFB-Pokal.

Gefürchtet ist Rolfö für ihren linken Fuß, mit dem sie hart und präzise abschließt. Dies bestätigten auch die Datenwissenschaftlerin Lotte Bransen und Professor Jesse Davies in einer gemeinsamen Forschungsarbeit zum Frauen-

fußball. Frauen haben in der Regel beim Torabschluss einen kleineren Winkel und eine geringere Entfernung zum Tor als Männer. Rolfö bildet hier die Ausnahme von der Regel. Die Skandinavierin ist mit ihrem Schuss auch von außerhalb des Strafraums gefährlich. Oder, wie es ihre Nationalteamkollegin Hanna Glas in der schwedischen Presse präzisierte: »Sie kann schießen wie ein Pferd!«

Darüber hinaus hat Rolfö eine herausragende Physis und Präsenz auf dem Feld und verfügt über eine hohe Spielintelligenz. Nach Flankenläufen, Rolfö wird häufig als Linksaußen aufgestellt, kann sie trotz aller Kraft den Ball präzise und gefühlvoll hereingeben. Kurzum: Die Schwedin ist aktuell eine der komplettesten Offensivspielerinnen weltweit. ⚽

Info

Geboren: 24. November 1993 in Kungsbacka, Schweden
Position: Sturm
Größe: 178 cm
Gewicht: 65 kg
Rückennummer: 18 (Schweden), 16 (FC Barcelona)
Vereine: Linköpings FC (2014 bis 2016), FC Bayern München (2017 bis 2019), VfL Wolfsburg (2019 bis 2021), FC Barcelona (seit 2021)
Größte Erfolge: WM-Dritte 2019, Olympische Silbermedaille 2016, 2020, Schwedischer Meister 2016, Deutscher Meister 2020, Spanischer Meister 2022, Schwedens Fußballerin des Jahres 2021, 2022

Debinha

In der 39. Spielminute behielt die heißblütige Brasilianerin einen kühlen Kopf. Das Elfmeter-Duell, Schützin gegen Torfrau, lautete im Finale der Copa América 2022 Debinha gegen Catalina Pérez.

Debinha traf, schraubte ihr Konto im Rahmen der Südamerikameisterschaft auf fünf Treffer empor und sorgte so vorzeitig für den Endstand. Brasilien schlug Kolumbien 1:0.

Seit Jahren gehört die nur 1,57 Meter große Debinha zu den herausragenden brasilianischen Spielerinnen. Sie ist der heimliche Star einer Seleção, die meist von anderen großen Namen überstrahlt wurde. Stürmerin Marta galt annähernd über eine Dekade als weltbeste Fußballerin, Mittelfeldspielerin Formiga avancierte im Laufe ihrer Karriere zu einer Legende. Doch Formiga beendete ihr aktives Schaffen auf dem Rasen 2021 im Alter von 43 Jahren, Marta befindet sich im Spätherbst ihrer Karriere und versprüht

nur noch phasenweise ihre Klasse. Mit 32 Jahren ist Debinha bereit, Brasilien bei dieser Weltmeisterschaft anzuführen, so wie sie es in der abgelaufenen Spielzeit für Kansas City Current getan hat. US-Medien bezeichneten Debinha als die beste Spielerin der US-Profiliga NWSL. Ihr Team aus dem US-Bundesstaat Missouri ist mittlerweile die zehnte Station in der langen Karriere der Brasilianerin.

Eine Karriere, die sie um den gesamten Erdball getragen hat: Brasilien, Norwegen, China, USA – Debinha sammelte Titel und Auszeichnungen auf vier unterschiedlichen Kontinenten. In Australien könnte ein Titel auf ihrem fünften Kontinent hinzukommen, wenngleich Brasilien nicht zu den Topfavoriten ge-

hört. Debinha ist quirlig und verfügt über eine ausgezeichnete Technik, die sie einzigartig macht. Schon als kleines Mädchen begeisterte sich Debinha mit ihren Schwestern Katia und Rubinia für den Fußball, bewunderte die mit brasilianischen Fahnen geschmückten Häuser, wenn die Seleção spielte. Schon früh fiel sie mit ihrem Talent auf. Ein Talent, das es ihr nicht immer einfach machte. Jungs waren neidisch, dass ein Mädchen besser spielte als sie, Freundinnen bemängelten die Sportklamotten, die die junge Débora anstatt Kleidern zumeist trug. Doch Débora wollte einfach nur Fußball spielen.

Aus Débora wurde Debinha, stets mit dem Ziel einer großen Karriere vor Augen. Auch, um ihrer Familie und ihrem alkoholkranken Vater, der sie trotz der Sucht als junge Fußballerin liebevoll unterstützte, ein besseres Leben zu ermöglichen. ⚽

Info

Geboren: 20. Oktober 1991 in Brasópolis, Brasilien
Position: Sturm
Größe: 157 cm
Gewicht: 52 kg
Rückennummer: 9 (Brasilien), 99 (Kansas City Current)
Vereine: Foz Cataratas (2011), Centro Olímpico (2011 bis 2013), Avaldsnes IL (2013 bis 2015), Dalian Quanjian (2016), North Carolina Courage (2017 bis 2022), Kansas City Current (seit 2023)
Größte Erfolge: Südamerikameisterin 2018, 2022, Copa Libertadores 2014, Chinesische Meisterin: 2016, NWSL-Champion 2018, 2019

Débora Cristiane de Oliveira, so ihr vollständiger Name, genannt Debinha (9). Am 9. Januar 2023 erhält sie einen Zweijahresvertrag mit Option auf ein weiteres Jahr bei Kansas City Current in den USA.

Wendie Renard

Info

Geboren: 20. Juli 1990 in Schœlcher, Martinique
Position: Abwehr
Größe: 187 cm
Gewicht: 70 kg
Rückennummer: 3
Vereine: Olympique Lyon (seit 2006)
Größte Erfolge: Champions-League-Siegerin 2011, 2012, 2016, 2017, 2018, 2019, 2020, 2022, Französische Meisterin 2007–2020, 2022, Französische Pokalsiegerin 2008, 2012–2017, 2019, 2020

Die französische Innenverteidigerin und Kapitänin Wendi Renard (3) im Laufduell mit der deutschen Stürmerin Svenja Huth im Halbfinale der EM 2022. Deutschland gewinnt 2:1 und erreicht das Finale.

Ihr Wort hat Gewicht. Als Wendie Renard nach Dissonanzen mit der französischen Nationaltrainerin Corinne Diacre im Februar 2023 ihren sofortigen Rücktritt aus dem Nationalteam verkündete, folgte kurze Zeit später Diacres Entlassung.

Wenige Tage darauf setzte die aufgrund ihrer Physis ikonisch wirkende Renard ihre Karriere für Frankreich fort. Ihr Weg in den Profifußball verlief ungewöhnlich. Als jüngste von vier Töchtern auf Martinique geboren, folgte sie ihrem Vater auf Schritt und Tritt. Dieser verstarb aber, als sie acht Jahre alt war und die junge Wendie suchte Zuflucht im Sport, im Fußball. Im Alter von 15 Jahren wurde Renard zum Probetraining ins nationale Förderungszentrum für den französischen Frauenfußball in Clairefontaine eingeladen. Warm wurde sie an diesem kalten Ort »irgendwo im Wald« aber nicht, kannte die Gepflogenheiten des Festlands nicht und wurde zudem von anderen Spielerinnen für ihren fremden Akzent belächelt.

Kurz darauf meldete sich Olympique Lyon bei ihr und Renard fand in der Folge ihre fußballerische Heimat. Eine Heimat, der sie bis heute treu geblieben ist. Bereits mit 16 Jahren debütierte die Innenverteidigerin für das Erstligateam Lyons und avancierte in den Folgejahren zur erfolgreichsten Vereinsfußballerin Europas. Keine andere europäische Spielerin sammelte so viele nationale Meisterschaften und Pokalsiege sowie internationale Trophäen wie Renard.

2011 feierte Renard ihre Premiere für die Nationalauswahl und wurde zwei Jahre später Kapitänin. Zwar musste sie die Binde der Spielführerin 2017 an Amandine Henry abgeben, doch seit 2021 hat Renard das Kapitäninnenamt zurück. Sie wirkt auf dem Spielfeld im Vergleich zu den anderen Akteurinnen geradezu hünenhaft und setzt ihre Physis entsprechend in den Zweikämpfen ein. Insbesondere im Kopfballspiel ist sie auch im gegnerischen Strafraum bei Standards eine ständige Gefahr. Trotz ihrer Körpermaße verfügt Renard über eine ausgezeichnete Technik. Für eine runde Karriere fehlt nur noch ein Titel mit dem Nationalteam. ⚽

Ada Hegerberg

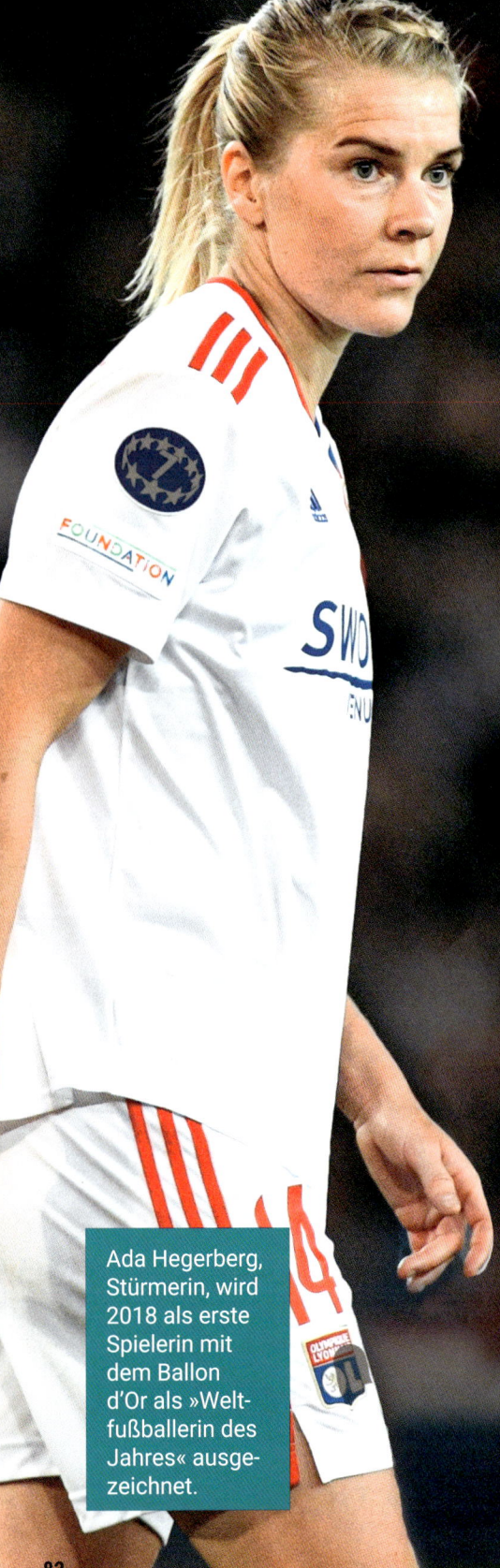

Ihr Wort hat Gewicht. Ada Hegerberg ist nicht nur eine der weltweit besten Fußballerinnen, sie scheut auch außerhalb des Platzes keinen Konflikt, um ihre Meinung zu vertreten.

Dafür nimmt die zur Weltmeisterschaft 28-Jährige auch Rückschläge in ihrer persönlichen Vita in Kauf. Ihr Einfluss auf den Frauenfußball ist so groß, dass der US-Sportausrüster Nike bei der Vertragsunterschrift 2020 eine Marketing-Aktion für die Geschlechtergleichstellung mit der Norwegerin als Gesicht der Kampagne startete. Das US-Sportmagazin Sports Illustrated sieht in Hegerberg eine der einflussreichsten Frauen in der Sportwelt.

Mit nur 16 Jahren debütierte Hegerberg im norwegischen Frauen-Nationalteam und wurde zwei Jahre später Vizeeuropameisterin. Sie wechselte aus Norwegen in die deutsche Bundesliga zu Turbine Potsdam und ein Jahr später weiter zu Olympique Lyon. Mit dem Verein aus der drittgrößten französischen Stadt gewann Hegerberg bis 2017 zunächst dreimal in Folge Meisterschaft und Pokal und zweimal hintereinander die Champions League.

Als Star der norwegischen Nationalauswahl brach sie dann aber mit dem Verband. Im Sommer 2017 trat sie aus Protest aufgrund von mangelnder Bezahlung und Wertschätzung seitens des Verbands aus dem Nationalteam zurück. Trotz einer Verdoppelung der Prämien sagte die Weltfußballerin von 2018 auch für die Weltmeisterschaft 2019 ab und bezeichnete ihre Zeit im Nationalteam als »zutiefst deprimierend«, sie habe »Albträume« gehabt und sei »psychisch gebrochen«.

Ihr Comeback im Trikot Norwegens im Vorfeld der Europameisterschaft 2022 versetze die nordische Nation in Euphorie. Gemeinsam mit Mittelfeldspielerin

Caroline Graham Hansen sollte Hegerberg, die seit 2019 mit dem norwegischen Fußballer Thomas Rogne verheiratet ist, die Skandinavier zu einer erfolgreichen EM-Teilnahme führen. Bei ihrer Rückkehr im März 2022 im WM-Qualifikationsspiel gegen den Kosovo gelangen ihr auch umgehend drei Treffer. Das EM-Debakel inklusive einer 0:8-Niederlage gegen England konnte aber auch das Duo aus Hansen und Hegerberg nicht verhindern. Trotz einiger Verletzungsprobleme in der jüngeren Vergangenheit ist Hegerberg als Hoffnungsträgerin für den WM-Kader fest eingeplant. ⚽

Info

Geboren: 10. Juli 1995 in Molde, Norwegen
Position: Sturm
Größe: 179 cm
Gewicht: 70 kg
Rückennummer: 14
Vereine: Kolbotn IL (2010 bis 2011), Stabæk FK (2012 bis 2013), Turbine Potsdam (2013 bis 2014), Olympique Lyon (seit 2014)
Größte Erfolge: Vizeeuropameisterin 2013, Französische Meisterin 2015, 2016, 2017, 2018, 2019, 2020, 2022, Franz. Pokalsiegerin 2015, 2016, 2017, 2019, 2020, Champions-League-Siegerin 2016, 2017, 2018, 2019, 2020, 2022, Norwegens Fußballerin des Jahres 2015, 2016, 2018, Europas Fußballerin des Jahres 2016, Norwegens Sportlerin des Jahres 2016, Französische Torschützenkönigin 2016, 2017, 2018, Weltfußballerin des Jahres 2018

Ada Hegerberg, Stürmerin, wird 2018 als erste Spielerin mit dem Ballon d'Or als »Weltfußballerin des Jahres« ausgezeichnet.

Mary Earps

Sie wollte ihre Karriere schon beenden, wenige Jahre später wurde Mary Earps zur besten Torhüterin der Welt gewählt.

Beim 1:2 im Test-Länderspiel vor über 77.000 Zuschauern im Wembley-Stadion von London stand Mary Earps im November 2019 gegen Deutschland für England zwischen den Pfosten. Dass der damalige englische Trainer Phil Neville sie danach nicht mehr nominierte, setzte der Torhüterin zu. In dieser Phase dachte sie über ihr Karriereende nach.

Die Berufung von Sarina Wiegman als Trainerin der Lionesses wirkte sich für kaum eine Spielerin so positiv wie für Earps aus. »Ich hatte das Gefühl, dass sie wirklich verstand, woher ich kam, und echtes Einfühlungsvermögen für mich als

Mensch hatte. Das ist etwas, was ich im Fußball nicht oft erlebt habe«, sagte Earps dem Women's-Health-Magazin im Februar 2023. Nach einer Wadenverletzung von Ellie Roebuck übernahm Earps im Rahmen der WM-Qualifikation die Nummer eins im englischen Tor und ging als diese auch in die Europameisterschaft 2022.

Vor heimischer Kulisse wuchs Earps mit ihren Paraden über sich hinaus und musste im Turnierverlauf nur zweimal hinter sich greifen. Im Viertelfinale wurde sie von Spaniens Esther González überwunden, im Finale gelang Deutschlands Lina Magull der zwischenzeitliche Ausgleich. Im Schatten der im Rampenlicht stehenden Topspielerinnen wie Beth Mead oder Leah Williamson war Earps der stille Garant für den EM-Titel der Engländerinnen. Der individuelle Lohn

Info 🏴󠁧󠁢󠁥󠁮󠁧󠁿

Geboren: 7. März 1993 in Nottingham, England
Position: Tor
Größe: 173 cm
Gewicht: 68 kg
Rückennummer: 1 (England), 27 (Manchester United)
Vereine: Leicester City (2009 bis 2010), Nottingham Forest (2010 bis 2011), Doncaster Rovers Belles (2011 bis 2012), Coventry City (2011/ausgeliehen), Birmingham City (2013), Bristol Academy (2014 bis 2015), Reading (2016 bis 2018), VfL Wolfsburg (2018 bis 2019), Manchester United (seit 2019)
Größte Erfolge: Europameisterin 2022, Deutsche Meisterin 2019, Deutsche Pokalsiegerin 2019, Beste Torhüterin der EM 2022, Welttorhüterin 2022

Prinz William, der Prinz von Wales und Herzog von Cambridge feixt mit Mary Earps sichtlich erfreut bei der Siegerehrung zum Europameistertitel.

folgte, wurde Earps doch zunächst als beste Torhüterin des Turniers ausgezeichnet und später für die FIFA-Wahl zur weltweit besten Torhüterin nominiert.

Alleine mit ihrer Nominierung schrieb Earps Geschichte. Erstmals seit David Seaman 1996 schaffte es wieder torhütendes Personal aus England auf die Vorschlagsliste. Bei der Wahl setzte sich Earps dann gegen die Chilenin Christiane Endler knapp durch und erhielt den Lohn für eine Karriere, in der sie erst spät durchstartete. Privat verbringt die 30-Jährige viel Zeit auf ihren Social-Media-Kanälen TikTok und Instagram. In West Bridgford, ihrem Heimatort südlich von Nottingham, fährt ihr zu Ehren eine Buslinie unter dem Namen »Mary Earps«. ⚽

Wer schafft es nach Down Under?

Alexia Putellas, Marie-Antoinette Katoto, Beth Mead, Christiane Endler. Sie gehören zu den absoluten Topstars des Frauen-Fußballs. Und doch ist ihre Teilnahme an der Weltmeisterschaft 2023 ungewiss. Sie sind verletzt oder befinden sich im Streit mit ihrem nationalen Fußballverband. In einem Fall scheiterte auch die Qualifikation.

Alexia Putellas

Bitterer hätte es nicht laufen können. Nur einen Tag vor dem Beginn der Europameisterschaft 2022 riss sich Alexia Putellas das Kreuzband im linken Knie. »Das erste, was mir diese Situation klar gemacht hat, ist die wahre und reine Liebe, die ich für diesen Sport habe«, schrieb die Star-Spielerin des spanischen Nationalteams über ihren Instagram-Account nur einen Tag nach der Verletzung, die sie sich im Training zugezogen hatte.

Eine Liebe, die hinsichtlich des Nationalauswahl Spaniens offenbar zum Erliegen gekommen ist. Putellas ist trotz ihrer Verletzung im Februar 2023 zum zweiten Mal in Folge zur FIFA-Weltfußballerin gewählt worden, wird von den Fans ehrfürchtig »La Reina«, »die Königin«, genannt, und solidarisierte sich dennoch mit den 15 Spielerinnen, die im Herbst 2022 den Aufstand gegen Nationaltrainer Jorge Vilda und den spanischen Verband gewagt hatten. Im Frühjahr 2023 zeigte sie sich zumindest optimistisch, rechtzeitig nach ihrer Verletzung wieder fit zu sein, doch scheinen die Differenzen unüberbrückbar. Die WM 2023 wird wahrscheinlich ohne die aktuell beste Spielerin der Welt stattfinden.

Marie-Antoinette Katoto

Etwas besser stehen die Chancen bei Marie-Antoinette Katoto. Zum einen ist die französische Topstürmerin weiter in ihrer Rekonvaleszenz, zum anderen scheint sich ein Streit zwischen mehreren Nationalspielerinnen und dem französischen Fußballverband gerade noch rechtzeitig zu schlichten. Bei der Europameisterschaft 2022 hatte sich die Stürmerin, die aus der Demokratischen Republik Kongo stammt, im französischen Auftaktspiel gegen Italien das Kreuzband gerissen und war fortan ausgefallen.

Im Frühjahr 2023 schloss sie sich zudem einem Aufstand mehrerer Nationalspielerinnen an. Darunter waren neben Katoto Kapitänin Wendie Renard und Sturmkollegin Kadidiatou Diani. Anders als der spanische Verband reagiert die Fédération Française de Football auf die Rücktritte ihrer Topspielerinnen aus dem Nationalteam und tauschte den Trainer aus. Während Renard vom neuen Trainer umgehend wieder nominiert wurde, blieben Diani und Katoto bei der letzten Länderspielserie im April 2023 bei der Kaderzusammenstellung außen vor.

Beth Mead

Kurz vor Ostern 2023 schockierte die englischen Fußballfans unterdessen die Nachricht, dass Topspielerin Beth Mead die Weltmeisterschaft aller Voraussicht nach verpassen wird. Mead ist die herausragende Stürmerin Englands, stellte im Trikot des FC Arsenal bereits mehrere Vorlagenrekorde der englischen Topliga auf und wurde beim EM-Titel im eigenen

Beth Mead: Es gibt noch eine Minimalchance auf rechtzeitige Genesung vor der Weltmeisterschaft im Juli und August 2023.

Land Torschützenkönigin des Turniers. Im November riss ihr in Diensten ihres Vereins aber ebenfalls das Kreuzband.

Mead gilt als furchtlos, geht als Stürmerin dahin, wo es wehtut, ist kaltschnäuzig im Abschluss und hat immer das Auge für eine besser postierte Teamkollegin. Doch Englands Trainerin Sarina Wiegman sagte vor den letzten Länderspielen im April 2023, dass sie »nicht mehr mit Mead für die WM plane«. Zwar würde die zur WM 28-Jährige große Fortschritte in der Rehabilitation machen, doch der Zeitplan sei aller Wahrscheinlichkeit nach zu knapp. Ein »Wunder«, wonach sie über Mead doch noch einmal für die Weltmeisterschaft nachdenken würde, wollte Wiegman aber nicht ausschließen.

Christiane Endler

Ganz sicher nicht dabei bei dieser WM ist Christiane Endler. Die Welttorhüterin von 2021 verpasste mit dem chilenischen Nationalteam das Ticket nach Australien und Neuseeland in den Playoffs. Im Entscheidungsspiel gegen Haiti hielt sie in der 89. Spielminute sogar einen Foulelfmeter, konnte am Ende die 1:2-Niederlage aber nicht verhindern. Nach 2019 wäre es für Chile und Endler die zweite WM-Teilnahme gewesen.

Endler gilt als moderne Torfrau, die das Spiel mit dem Ball am Fuß eröffnen kann. Sie hat eine enorme Präsenz mit einer exzellenten Strafraumbeherrschung und herausragenden Reflexen. Die Fußballfans in Australien und Neuseeland werden Endler auf dem Platz allerdings nicht zu sehen bekommen. Vielleicht wagt die 31-Jährige in vier Jahren noch einen weiteren Anlauf auf eine WM-Teilnahme. ⚽

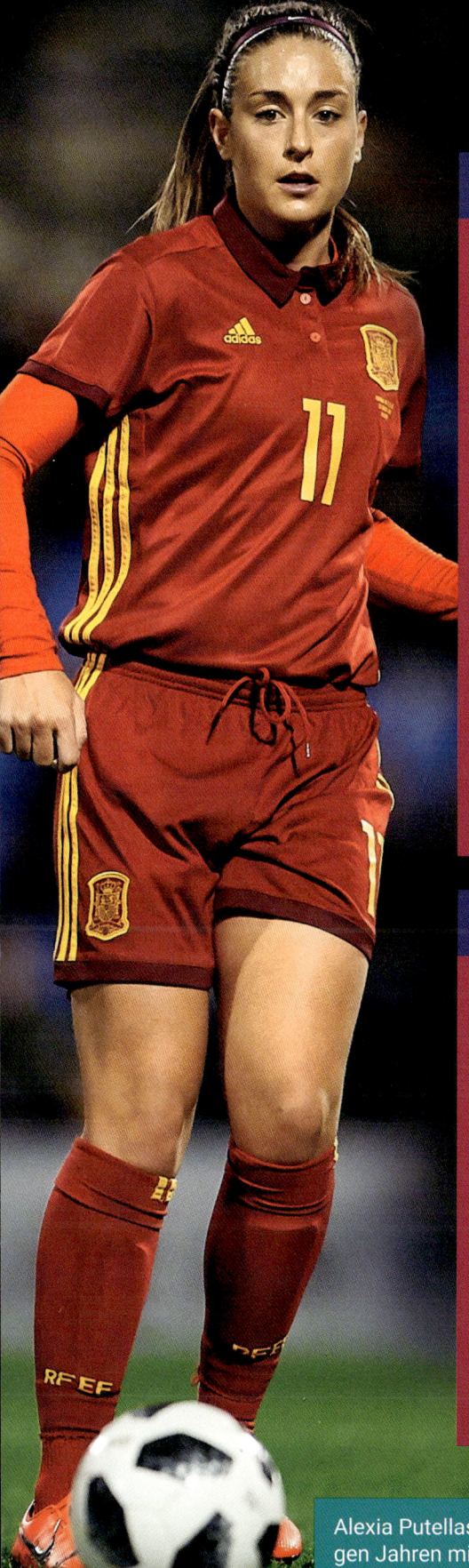

Alexia Putellas

Geboren: 4. Februar 1994 in Mollet del Vallès, Spanien
Position: Mittelfeld
Größe: 173 cm
Gewicht: 69 kg
Rückennummer: 11
Vereine: Espanyol Barcelona (2010 bis 2011), UD Levante (2011 bis 2012), FC Barcelona (seit 2012)
Größte Erfolge: Champions-League-Siegerin 2021, Spanische Meisterin 2013, 2014, 2015, 2020, 2021, 2022, Spanische Pokalsiegerin 2010, 2013, 2014, 2017, 2018, 2020, 2021, 2022, FIFA-Weltfußballerin 2021, 2022, Europas Fußballerin des Jahres 2021, 2022

Marie-Antoinette Katoto

Geboren: 1. November 1998 in Colombes, Frankreich
Position: Sturm
Größe: 176 cm
Gewicht: 66 kg
Rückennummer: 9
Vereine: Paris Saint-German (seit 2015)
Größte Erfolge: U19-Europameisterin 2016, Französische Meisterin 2021, Französische Pokalsiegerin 2018, 2022, Französische Torschützenkönigin 2019, 2020, 2022

Beth Mead

Geboren: 9. Mai 1995 in Whitby, England
Position: Sturm
Größe: 163 cm
Gewicht: 58 kg
Rückennummer: 7 (England), 9 (FC Arsenal)
Vereine: Sunderland AFC (2011 bis 2016), FC Arsenal (seit 2017)
Größte Erfolge: Europameisterin 2022, Englische Meisterin 2019, Englische Ligapokalsiegerin 2018, Englische Torschützenkönigin 2015

Christiane Endler

Geboren: 23. Juli 1991 in Santiago de Chile, Chile
Position: Tor
Größe: 182 cm
Gewicht: 73 kg
Rückennummer: 1
Vereine: Unión La Calera (2008 bis 2009), FC Everton (2010), Colo-Colo (2011 bis 2012 und 2015 bis 2016), FC Chelsea (2014), FC Valencia (2016 bis 2017), Paris Saint-Germain (2017 bis 2021), Olympique Lyon (seit 2021)
Größte Erfolge: Copa-Libertadores-Siegerin 2012, Chilenische Meisterin 2012, Französische Meisterin 2022, Französische Pokalsiegerin 2018, Champions-League-Siegerin 2022, Welttorhüterin 2021

Alexia Putellas: Auch schon in jungen Jahren mit dem FC Barcelona erfolgreich. Gekrönt wurde ihre Karriere 2022 mit der bereits zweiten Wahl zur FIFA-Weltfußballerin.

STADIEN

Die Stadien der FIFA Frauenfußball-Weltmeisterschaft 2023 in Neuseeland und Australien: Es wird in vier Stadien in Neuseeland und in sechs
Stadien in Australien gespielt. Sydney als größte Stadt Australiens ist
als Gastgeber mit zwei Stadien vertreten. Im Bild das weltberühmte
Opernhaus Sydneys mit Hafenbrücke und imposanter Skyline.

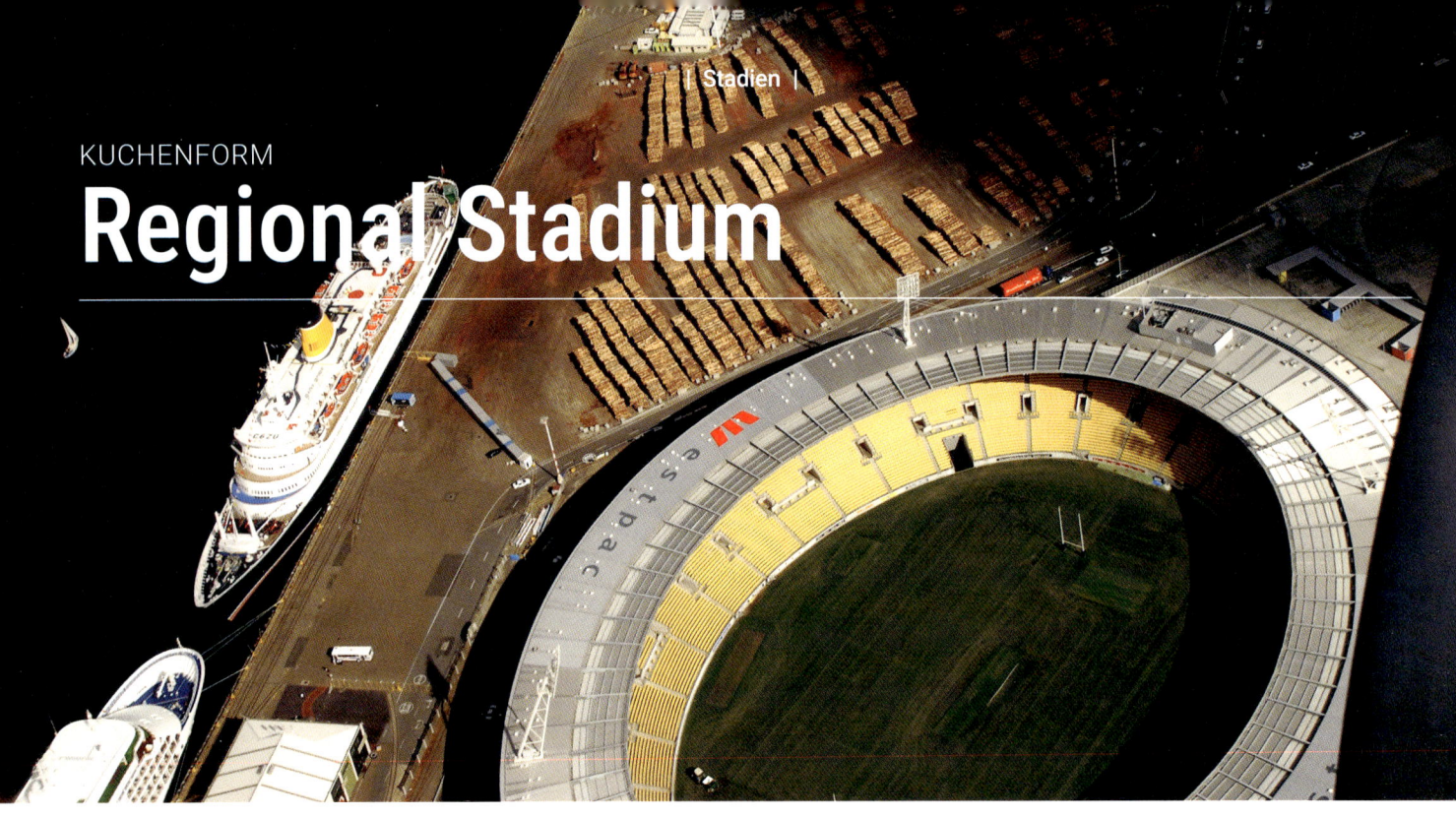

KUCHENFORM
Regional Stadium

Die Bewohner Wellingtons verbindet mit ihrem charakteristisch geformten Stadion eine kleine Hassliebe. Das Oval ermöglicht neben Fußball- und Rugby- auch die beliebten Cricket-Spiele. Allerdings gleicht das Stadion von außen einer Blechbüchse, weswegen es im Volksmund »Cake Tin« (Kuchenform) genannt wird.

Scherzhaft ist auch der Name – frei nach einem Lied des amerikanischen Country-Sängers Johnny Cash – »The Ring of Fire« im Umlauf.

Mit seiner Eröffnung 2000 ersetzte das Regional Stadium seinen Vorgänger, den Athletic Park, der für seine steilen Tribünen bekannt war, aber enormen Sanierungsbedarf aufwies. Der Athletic Park wurde in der Folge abgerissen, stattdessen entstand auf dem Gelände eine Seniorenwohnanlage. Das Regional Stadium wurde hingegen direkt auf dem Hafengelände der Stadt errichtet, auf einem ehemaligen Rangier- und Güterbahnhof. Entsprechend wirkt auch die Peripherie zweigeteilt. Als Besucher kann man vom Hafen aus einen traumhaften Blick auf die Bucht von Wellington, den Stadtkern oder die Matiu/Somes-Insel erhaschen. Allerdings muss man sich auch einen Blickwinkel vorbei an unzähligen Containern suchen, die der Hafen als Umschlagplatz in sich birgt.

Gleich sieben WM-Vorrundenspiele finden im Regional Stadium statt, das zwar zu den modernsten Stadien in Neuseeland zählt, trotz seiner Lage in der Hauptstadt aber nicht als Nationalstadion gilt. Umso schöner für die Hauptstädter, dass die neuseeländische Frauenauswahl hier ihr zweites Gruppenspiel gegen die Philippinen bestreitet. Das Stadion hält auch den Zuschauerrekord

Info

Name: Wellington Regional Stadium
Stadt: Wellington (Wellington, Neuseeland)
Kapazität: 39.000 Plätze
Eröffnung: 3. Januar 2000
WM-Spiele: Sieben Gruppenspiele, ein Achtelfinalspiel und ein Viertelfinalspiel
Aktuelle Vereine: Wellington Phoenix FC (Frauen und Männer), Hurricanes, Wellington Lions (Verbandsauswahl, beide Rugby)

für ein Fußballspiel in Neuseeland. In der Qualifikation für die WM 2010 gewann die neuseeländische Männer-Auswahl vor 35.194 Fans mit 1:0 gegen Bahrain. Besondere Gäste hatte das Stadion 2006, als die US-Wrestling-Liga WWE unter anderem den Undertaker in die Kuchenform schickte. Vier Jahre zuvor hatte Film-Regisseur Peter Jackson die Aufnahmegeräte installiert. Bei einem Cricketspiel zwischen Neuseeland und England sangen 30.000 Fans den »Black Speech«, der später in den Herr-der-Ringe-Filmen als Schlachtrufe der Ork-Armee »Uruk-hai« verwendet wurde.

Sport und Kultur

Gemeinsam mit angrenzenden Städten bildet Wellington an der Südspitze der nördlichen Insel den zweitgrößten Ballungsraum Neuseelands. In der Stadt selbst leben etwa 190.000 Menschen. Obwohl regelmäßig mit Stürmen konfrontiert und in einer Erdbebenregion gelegen, hat sich Wellington zur wichtigsten Lifestyle- und Kulturmetropole des Landes entwickelt. ❖

WELTWEIT EINZIGARTIG
Forsyth Barr Stadium

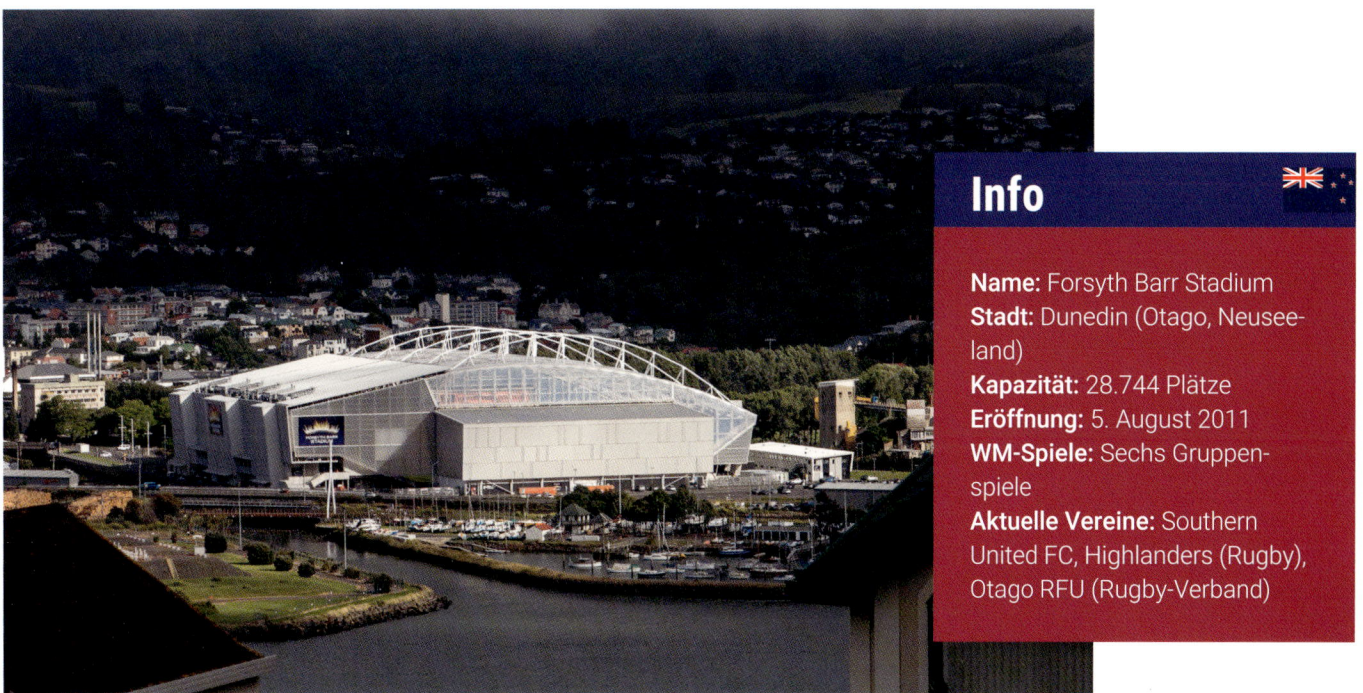

Info

Name: Forsyth Barr Stadium
Stadt: Dunedin (Otago, Neuseeland)
Kapazität: 28.744 Plätze
Eröffnung: 5. August 2011
WM-Spiele: Sechs Gruppenspiele
Aktuelle Vereine: Southern United FC, Highlanders (Rugby), Otago RFU (Rugby-Verband)

Das 2011 für 224 Millionen neuseeländische Dollar in Dunedin eröffnete Forsyth Barr Stadium ist weltweit das einzige vollständig überdachte Naturrasenstadion, wenngleich das Geläuf durch Kunststofffasern verstärkt ist.

Nicht umsonst wird es im Volksmund aufgrund seiner Ähnlichkeit zu Gartengewächshäusern auch »The Glasshouse« (das Glashaus) genannt. Das über 20.000 Quadratmeter große Dach besteht aus Ethylen-Tetrafluorethylen-Copolymer, kurz ETFE. Das transparente Material wird beispielsweise auch an der Außenfassade der Münchner Allianz Arena verwendet. Aufgefangenes Regenwasser wird gleich zur Bewässerung des Rasens genutzt.

Die verschiebbaren Tribünen ermöglichen eine vielseitige Nutzung der Anlage. Neben Fußballpartien finden hier ebenso Rugby- wie auch Basketballspiele statt. Außerdem wird es für Messen, Konzerte und weitere öffentliche wie private Großveranstaltungen genutzt. Eingebettet ist das Stadion am südlichen Ende des Lo-

gan Park, einer öffentlichen Parkanlage in unmittelbarer Nähe zur University of Otago, in der neben Tennis auch Cricket gespielt werden kann. Zudem grenzt ein Steinbruch direkt ans Stadion.

Während der Weltmeisterschaft finden sechs Vorrundenspiele im Forsyth Barr statt. Neueeelands Nationalteam bestreitet hier ihre abschließende Gruppenbegegnung gegen die Schweiz, die wie die Niederlande gleich zweimal in Dunedin ran muss. Internationale Partien fanden hier bereits 2011 bei der Rugby-WM sowie 2015 bei der U20-Junioren-Fußball-Weltmeisterschaft statt. Das Stadion ist das am weitesten südlich gelegene dieser Endrunde, außerhalb des Glashauses können Temperaturen um den Gefrierpunkt während der WM erreicht werden.

Dunedin ist die fünftgrößte Stadt Neuseelands. Im 19. Jahrhundert war Dunedin Hauptumschlagplatz eines Goldrauschs in Otago und erwuchs so zur reichsten Stadt des Inselstaates. Hier entstand neben der ersten Universität auch die erste neuseeländische Tageszeitung. Noch heute ist die Hochschule der größte Arbeitgeber der Stadt, die malerisch umgeben von einer Hügelkette direkt am Pazifischen Ozean liegt und über einen Naturhafen verfügt. Das Stadtzentrum ist als Oktagon angelegt und liegt auf einer Sandbank, die sich in das abgetragene Lavabett eines vor 13 Millionen Jahren erloschenen Vulkans schmiegt. Ein weltberühmtes Bild entstand auf der Baldwin Street, die mit einem Gefälle von 35 Prozent den Weg ins Guinness-Buch der Rekord fand. ⚽

TOR- STATT FROSCHJAGD

Eden Park

Die Weltmeisterschaft findet am 20. Juli ihre standesgemäße Eröffnung. Die Partie zwischen Co-Gastgeber Neuseeland und dem früheren Weltmeister Norwegen findet im mit 48.276 Plätzen größten Sportstadion des Inselstaates statt.

Sechs weitere Partien der Vorrunde werden im drei Kilometer südwestlich des Stadtzentrums gelegenen Eden Park gespielt, zweimal tritt dabei Rekordweltmeister USA hier an. Bis zum Halbfinale bleibt Auckland dann WM-Stadt.

Sollte der Spirit der Rugby-Nationalmannschaft der Männer dabei auf die neuseeländischen Fußballfrauen überspringen, dann könnte den Gastgeberinnen eine erfolgreiche WM bevorstehen. Seit 1994 sind die »All Blacks« im Eden Park in 48 aufeinanderfolgenden Länderspielen bis zum Jahresende 2022 ungeschlagen, zweimal feierte die Rugby-Nationalmannschaft – 1987 und 2011 – in diesem Stadion den Gewinn der Weltmeisterschaft. Neben dem Rugby ist der Eden Park auch zumeist Heimspielstätte des Cricket-Nationalteams. Fußballmannschaften sind in dem Oval eher selten zu Gast. Fußball-Erstligist Wellington Phoenix trug 2011 und 2013 jeweils ein Heimspiel im Park aus, die Männer-Nationalmannschaft nutzte das Stadion ab 1947 dreimal für Testspiele, zuletzt 2022 gegen Australien. Das einzige Pflicht-Länderspiel fand im Rahmen der Qualifikation für die Olympischen Spiele 1988 gegen Israel statt – alle vier Spiele im Eden Park gingen verloren.

Kein Wunder also, dass die Einheimischen den im Jahre 1900 eröffneten Eden Park vor allem mit Cricket und Rugby in Verbindung bringen. Die Vision, auf dem ursprünglichen Sumpfland eine Sportstätte zu errichten, kam dem Cricket-Fan Harry Ryan, der dafür einen Teil des Grundstücks pachtete. In dem Buch »Eden Park: A History« heißt es zu den Anfängen: »Die raue mit Steinen und Felsvorsprüngen übersäte und mit Kuhfladen durchzogene Koppel, die zu einer sumpfigen Rinne abfiel, die einen Regenguss ausfüllte und den ganzen Winter überschwemmt blieb, sah für die Froschjagd oder das Entenschießen besser geeignet aus als für Cricket, ganz zu schweigen von Rugby.« Es kam glücklicherweise anders, zuletzt wurde das Stadion 2010 umfangreich saniert.

Stadt der Segel

Mit über 1,4 Millionen Einwohnern ist Auckland umgeben von 53 inaktiven Vulkanen die größte Stadt Neuseelands. Aufgrund seiner geschützten Meeresbuchten, dort anliegenden Yachten und Segelbooten wird das Flair der »City of Sails« häufig mit westlichen Küstenmetropolen verglichen. Die Māori, die indigene Bevölkerung Neuseelands, erkannte ebenfalls schon früh seine Anmut: Auckland heißt in der indigenen Sprache »Tāmaki Makaurau«, was »eine junge Schönheit mit 100 Liebhabern« bedeutet. Lebenswert ist die neuseeländische Hauptstadt auf jeden Fall, 2018 belegte Auckland den dritten Platz im weltweiten Ranking der Städte mit der höchsten Lebensqualität. ✣

Info

Name: Eden Park
Stadt: Auckland (Unitary Authority, Neuseeland)
Kapazität: 48.276 Plätze (kann auf 60.000 Plätze erweiterte werden)
Eröffnung: 1900
WM-Spiele: Sieben Gruppenspiele, ein Achtelfinalspiel, ein Viertelfinalspiel und ein Halbfinalspiel
Aktuelle Vereine: Auckland Blues (Rugby), Auckland Rugby Union (Rugby-Verband) und Auckland Cricket Union (Cricket-Verband)

BELIEBTES SCHMUCKKÄSTCHEN

Waikato Stadium

Das Waikato Stadium von Hamilton ist mit einem Fassungsvermögen von 25.111 Plätzen das kleinste WM-Stadion von Co-Gastgeber Neuseeland.

Dennoch erfreut sich die Arena großer Beliebtheit, denn sie ist eine der wenigen Stadien des Landes, die nicht auf Cricketspiele ausgelegt ist und stellt so ein reines Fußball- und Rugby-Stadion dar. Wobei seit der Auflösung des Waikato FC 2006 kein Fußball-Ligabetrieb mehr stattgefunden hat.

Dabei war 1996 noch alles anders geplant. Der »Rugby Park«, das Gelände des heutigen Waikato Stadiums, und der »Westpac Park«, ein weiteres Stadion in Hamilton, sollten abgerissen und zu einem großen Stadion für alle gängigen Sportarten sowie weitere Events zusammengefasst werden. Die veranschlagten Kosten lagen allerdings weit über dem der Stadt zur Verfügung stehenden Budget, so dass beide Stadien für zusammen 30 Millionen neuseeländische Dollar (etwa 18 Millionen Euro) lediglich modernisiert wurden. So befinden sich im Waikato heute mehrere Lounges, die von Firmen oder auch Privatpersonen für Feiern an-

gemietet werden können. Zudem wurden ein großer Konferenzraum und die Presseplätze umfangreich erneuert.

Alexandra Popp hat an das Stadion gute Erinnerungen. Bei der Weltmeisterschaft der U17-Juniorinnen 2008 traf die deutsche Stürmerin beim 1:1 im Gruppenspiel gegen Nordkorea zum frühen 1:0. Am Ende des Turniers landete die deutsche Nachwuchsauswahl auf dem dritten Platz. Bei dieser Weltmeisterschaft wird Popp mit dem deutschen Team allerdings nicht nach Hamilton kommen. Lediglich fünf Gruppenspiele finden im Waikato Stadium statt, mit Japan und Norwegen sind aber immerhin zwei frühere Weltmeisternationen zu Gast.

Als eines der reichsten landwirtschaftlichen Gebiete der Welt ist Hamilton schnell gewachsen, was der Stadt den Ruf einbringt, kein historisches Zentrum und wenig Charakter zu besitzen. Dennoch hat die auf der Nordinsel gelegene Stadt einen hübschen Kern mit zahllo-

Info

Name: Waikato Stadium
Stadt: Hamilton (Waikato, Neuseeland)
Kapazität: 25.111 Plätze
Eröffnung: 1. März 2002
WM-Spiele: Fünf Gruppenspiele
Aktuelle Vereine: Hamilton Chiefs (Rugby), Waikato Rugby Union (Rugby-Verband)

sen Cafés, vielen Galerien und Museen. Bei Touristen besonders beliebt ist die Freizeitanlage »Hamilton Gardens«, in der jeden Sommer ein Festival stattfindet. Das fünftägige Heißluftballon-Event »Balloons over Waikato« lockt jedes Jahr zudem über 100.000 Besucher an. Die »National Agricultural Fieldays«, die größte landwirtschaftliche Messe der Südhalbkugel, verschaffen Hamilton im Bereich der Landwirtschaft internationale Aufmerksamkeit. ⚽

ENDSPIELTRAUM
Stadium Australia

Es könnte das meistbesuchte Finale seit dem WM-End-spiel von 1999 werden. Das Stadium Australia im west-lich gelegenen Homebush, einem Vorort von Sydney, fasst 83.500 Zuschauer.

Ursprünglich war es für die olympischen Sommerspiele 2000 mit einem Fassungsvermögen von 110.000 Plätzen errichtet worden, wurde nach den Spielen aber auf sein heutiges Format zurückgebaut. Entsprechend liegt auch der Besucherrekord über der aktuellen Kapazität: Zur olympischen Abschluss-feier waren mit Freigabe des Innenraums 114.714 Menschen zugegen. Für die kommende WM wurde das Auftaktspiel des australischen Teams wegen der hohen Zuschauernachfrage aus dem kleineren Sydney Football Stadium nachträglich hierher verlegt. Für den Sieger der Vorrundengruppe B wird das Sta-dium Australia zur Heimspielstätte auf dem Weg ins Finale – entsprechende Siege in den jeweiligen Runden vorausgesetzt. Als Kopf der Gruppe B muss sich Gastgeber Australien gegen Kanada, Nigeria und Irland durchsetzen, um in den dauer-haften Genuss dieses Standorts zu kommen, an dem sonst vor allem andere Sportarten regelmäßig betrieben werden. Gleich fünf Rugbyvereine verschiedener Ligen tragen hier ihre Heim-spiele aus, hinzu kommen mit den Sydney Swans und Sydney Thunder ein Australian-Football- und ein Cricket-Klub. Damit Swans und Thunder ihre Sportarten ausüben können, ist die Rasenfläche oval angelegt.

Die Corona-Pandemie verhinderte, dass das Stadion in neu-em Antlitz erscheint. 2017 hatte die Regierung des Bundes-staates New South Wales zunächst den Abriss und Neubau des noch relativ jungen Stadions geplant. Dieses Vorhaben wurde durch Pläne zu einer umfangreichen Sanierung ersetzt. Ge-sundheitliche Schutzmaßnahmen und in der Folge wirtschaft-liche Zwänge verhinderten aber auch das. Immerhin blieben noch 10 Millionen australische Dollar (etwa 6,4 Millionen Euro) an Budget für Modernisierungen übrig, so dass zur WM eine neue Anzeigetafel mit einer Fläche von 1.200 Quadratme-tern installiert wurde.

Mit über fünf Millionen Einwohnern ist Sydney die größte Stadt Australiens und gleichzeitig Hauptstadt. Als Weltme-tropole lädt Sydney zum Besuch zahlreicher Museen, Galerien und Veranstaltungen ein. Zudem gibt es für Touristen etliche historische Bauwerke und Gotteshäuser zu erkunden. Beson-ders beliebt bei Surfern ist der berühmte Bondi Beach, von wo der Bondi-Coogee Beachwalk über steile Klippen und mehrere weitere Strände führt. ⚽

Info

Name: Stadium Australia
Stadt: Sydney (New South Wa-les, Australien)
Kapazität: 83.500 Plätze
Eröffnung: 6. März 1999
WM-Spiele: Ein Gruppenspiel, ein Achtelfinalspiel, ein Viertelfi-nalspiel, ein Halbfinalspiel, Finale
Aktuelle Vereine: New South Wales Blues, Canterbury-Bank-stown Bulldogs, South Sydney Rabbitohs, New South Wales Wa-ratahs, Wests Tigers (alle Rugby), Sydney Swans (Australien Foot-ball), Sydney Thunder (Cricket)

HEUTE EIN RECHTECK
Perth Oval

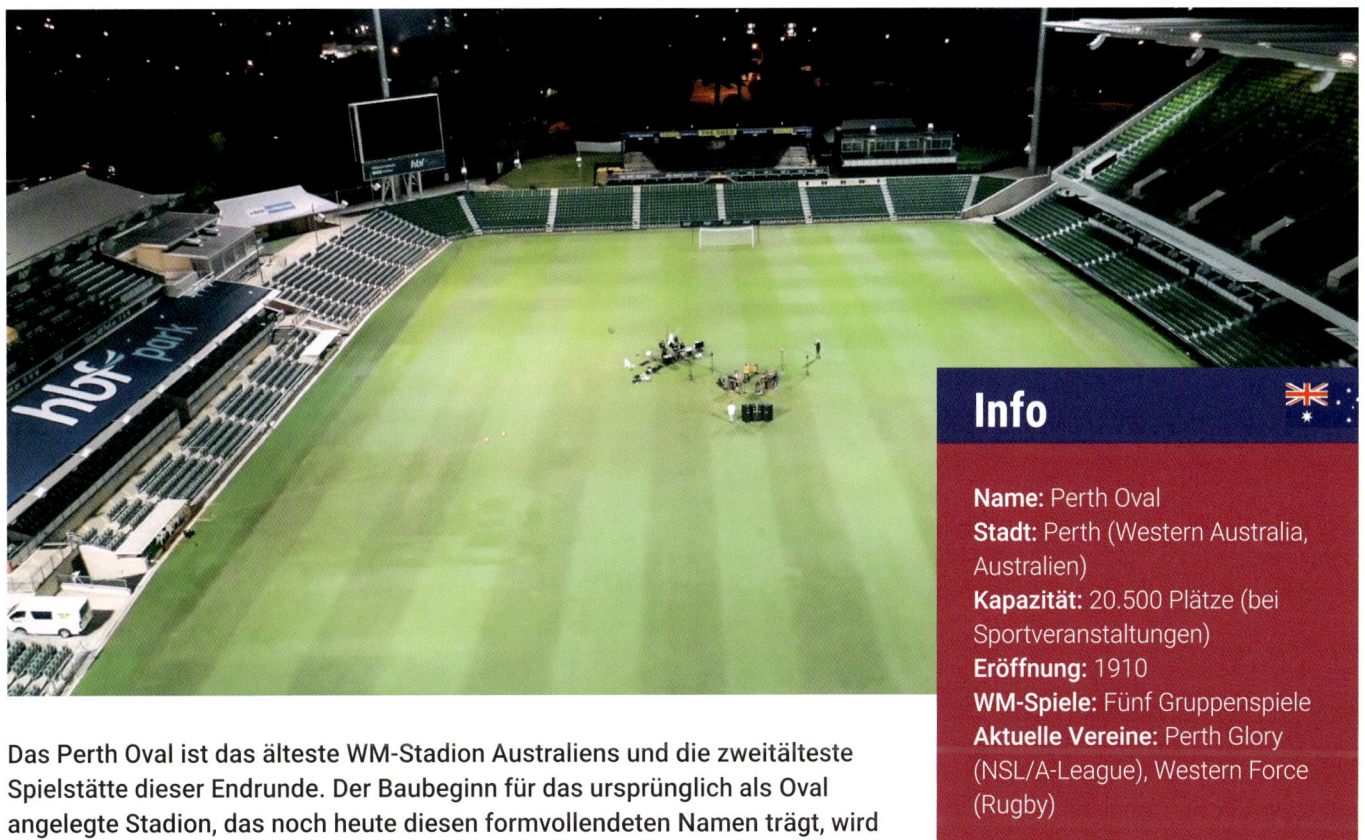

Info

Name: Perth Oval
Stadt: Perth (Western Australia, Australien)
Kapazität: 20.500 Plätze (bei Sportveranstaltungen)
Eröffnung: 1910
WM-Spiele: Fünf Gruppenspiele
Aktuelle Vereine: Perth Glory (NSL/A-League), Western Force (Rugby)

Das Perth Oval ist das älteste WM-Stadion Australiens und die zweitälteste Spielstätte dieser Endrunde. Der Baubeginn für das ursprünglich als Oval angelegte Stadion, das noch heute diesen formvollendeten Namen trägt, wird auf das Jahr 1900 datiert.

Zehn Jahre dauerten die Baumaßnahmen, ehe der East Perth FC weit an der Westküste des Kontinents seine Heimspiele hier austragen konnte. Ganz jungfräulich war der Rasen da allerdings schon nicht mehr: noch vor Fertigstellung des Stadions fanden auf dem Spielfeld Test-, Lacrosse- und Australian-Rules-Football-Partien statt.

Nach umfangreichen Umbaumaßnahmen im Jahr 2004 veränderte sich die Form des Stadions von einem Oval in das Fußball-typische Rechteck und wird seitdem auch Rectangular Stadium genannt. Kurios: In den letzten Jahren vor den Umbauten wurden zu Heimspielen von Perth Glory bereits provisorische Tribünen im Stadioninneren aufgebaut, damit die Zuschauer im Oval nicht so weit vom Spiel-geschehen entfernt saßen. Extra zur Frauen-WM wurde das Stadion noch einmal mit 32 Millionen US-Dollar modernisiert und hat neben einer LED-Flutlichtanlage vor allem mehr Komfort im Spieler- und Medienbereich erhalten.

Lebensqualität ist top

2015 und 2016 trug die australische Männer-Nationalmannschaft im Rahmen der Qualifikation für die WM 2018 im Perth Oval zwei Heimspiele aus, die sie beide gegen Bangladesch und den Irak gewann. Auch die australische Frauen-Auswahl war hier in der jüngeren Vergangenheit zugegen, das Testspiel gegen Thailand endete 2018 mit einem 5:0-Erfolg. Bei der Weltmeisterschaft 2023 werden hier insgesamt fünf Gruppenspiele ausgetragen, zweimal tritt Dänemark dabei in Perth an. Das Stadion liegt zentral in der viertgrößten Stadt Australiens, nahe dem umtriebigen Geschäftsviertel, und bietet bei Sportveranstaltungen 20.500 Zuschauern Platz. Regelmäßig finden im Perth Oval auch Konzerte international bekannter Künstler statt. Musiker und Bands wie Elton John oder die Foo Fighters standen hier schon mehrfach auf der Bühne. Den Zuschauerrekord hält Ed Sheeran, der 2015 insgesamt 32.000 Musikfans ins Stadion zog.

Perth wurde im Bereich der Lebensqualität schon mehrfach in den Städte-Ranglisten auf Top-Plätzen weltweit gelistet. Allerdings gilt Perth auch als die entlegenste Millionenmetropole auf dem Erdball – über 2.000 Kilometer sind es bis zur nächsten Großstadt. ⚽

PREISGEKRÖNT
Rectangular Stadium

Info

Name: Melbourne Rectangular Stadium
Stadt: Melbourne (Victoria, Australien)
Kapazität: 30.050 Plätze
Eröffnung: 7. Mai 2010
WM-Spiele: Vier Gruppenspiele und zwei Achtelfinalspiele
Aktuelle Vereine: Melbourne Victory FC (A-League und A-League Women), Melbourne City, Western United (A-League, alle Fußball), Melbourne Storm, Melbourne Rebels (beide Rugby)

Am 24. Juli 2023 bestreitet die deutsche Auswahl in Melbourne ihren WM-Auftakt gegen Marokko. Wenn die DFB-Kickerinnen mit dem Bus vorfahren, sehen sie eines der schönsten Stadien dieser Weltmeisterschaft.

Das Dach besteht aus einer Konstruktion von sphärischen Kuppeln mit Gitterschalen aus Dreiecken. In die Fassade des Stadions sind mehrere Tausend programmierbare LEDs eingearbeitet, durch die beliebige Muster dargestellt werden können. 2012 gewann das Stadion bei den World Stadium Awards im katarischen Doha den Preis für das anschaulichste und kulturell bedeutendste Stadion.

Eröffnet wurde das Rectangular Stadium am 7. Mai 2010 mit der aus Tradition geladenen Rugby-Partie zwischen Australien und Neuseeland, das die Gastgeber mit 12:8 gewannen. Ursprünglich hatte auf dem Gelände das Olympic Park Stadium für 18.500 Zuschauer gestanden. 2006 entschied die Regierung des Bundesstaates Victoria, ein neues Stadion für 20.000 Menschen zu bauen. Im Verlauf der Planung wurde das Vorhaben auf 30.050 Plätze erweitert, aus den zuerst veranschlagten 190 Millionen Australian Dollar wurden am Ende 268 Millionen (etwa 174 Millionen Euro), 2007 erfolgte bereits der erste Spatenstich.

Melbourne – Tennismekka

Genutzt wird der Rasen des modernen Stadions nicht nur von drei Fußball- und zwei Rugbyvereinen, im Bürotrakt im Inneren haben sich noch weitere Klubs und Organisationen eingemietet. So haben auch der Tennisverband und das Olympische Komitee des Staates Victoria in den Katakomben ihr Zuhause. Ein medizinisches Zentrum findet dabei auf dem Areal ebenso noch Platz, wie jeweils eine Sport- und Schwimmhalle, ein großer Speisesaal für über 1.000 Gäste und etliche VIP-Logen. Natürlich finden hier auch regelmäßig Konzerte weltweit bekannter Interpreten wie Ed Sheeran oder Taylor Swift statt, letztere hält den Zuschauerrekord.

Weltbekannt ist Melbourne durch sein jährliches Tennisturnier. Die im Januar stattfindenden Australian Open gehören dabei zur Grand-Slam-Serie und somit zu den vier wichtigsten Turnieren auf der Tennis-Tournee. Die deutsche Angelique Kerber feierte hier 2016 zuletzt den Sieg im Damen-Einzel, auch Steffi Graf und Boris Becker haben die Open einst gewonnen. Mit fünf Millionen Einwohnern, die einen hohen Einwanderungsanteil zumeist aus Europa und Asien aufweisen, ist Melbourne die zweitgrößte Stadt Australiens. ⚽

NEUBAU WIRD ZUM POLITIKUM

Sydney Football Stadium

Das Sydney Football Stadium ist das kleinere von zwei WM-Stadien der größten australischen Stadt. Am 28. August 2022 wurde das Sydney Football Stadium eröffnet und ist somit das neuste Stadion dieser Endrunde.

Nur wenige Tage später, am 2. September 2022, bestritten die Rugby-Teams der Sydney Roosters gegen die South Sydney Rabbitohs den ersten Wettbewerb. Die Roosters sind auch der Hauptmieter und besitzen einen Nutzungsvertrag bis 2047.

Ehe das neue Rund im Vorort Moore Park gebaut wurde, stand an Ort und Stelle bereits ab 1988 das Vorgängerstadion unter gleichem Namen. Für Sportveranstaltungen wird das Gelände indes schon seit 1899 genutzt, als der Sydney Sports Ground insgesamt 33.000 Plätze für Veranstaltungen bereitstellte. Der Neubau des Stadions entwickelte sich dabei zum Politikum. 2019 fanden Wahlen im Bundesstaat New South Wales statt und Oppositionsführer Michael Daley versuchte den Abriss der alten Mauern gerichtlich stoppen zu lassen, damit das Stadion bei einem Regierungswechsel kostengünsti-

ger modernisiert werden könne. Ein Richter lehnte das Ansinnen allerdings ab und die kurzzeitig unterbrochenen Arbeiten wurden fortgesetzt. Die Kosten bis zur Fertigstellung beliefen sich auf 874 australische Dollar (etwa 596 Millionen Euro).

Info

Name: Sydney Football Stadium
Stadt: Sydney (New South Wales, Australien)
Kapazität: 42.500 Plätze
Eröffnung: 28. August 2022
WM-Spiele: Fünf Gruppenspiele und ein Achtelfinalspiel
Aktuelle Vereine: Sydney FC (NSL/A-League), Sydney Roosters und New South Wales Waratahs (beide Rugby)

Die Tribünen sind dabei ein echter Hingucker. Der indigene Künstler Tony Albert entwarf für die Sitzschalen ein Design aus Rauten und konzentrischen Kreisen, das Wasser und Land symbolisiert. Am 30. Juli bestreitet das deutsche Nationalteam hier ihr Vorrundenspiel gegen Kolumbien. Das erste Fußballspiel im neuen Stadion bestritt am 6. September 2022 die Frauen-Nationalauswahl Australiens bei einem 1:2 gegen Kanada. Australiens Nationalspielerin Mary Fowler gelang bereits in der 3. Spielminute das Premierentor zur Führung, die allerdings nicht gehalten wurde.

Sydney gilt als Industrie-, Handels- und Finanzzentrum Australiens. Weltberühmt ist das ikonische Sydney Opera House, das seit 2007 zum UNESCO Weltkulturerbe zählt. Da Architekt Jørn Utzon Däne war, sieht auch Dänemark das Opernhaus als Teil seines kulturellen Erbes. ⚽

KLEIN ABER FEIN
Hindmarsh Stadium

Als kleinstes aller WM-Stadien bietet das Hindmarsh Stadium im australischen Adelaide Platz für 16.500 Fußball-Fans, 15.000 sind davon Sitzplätze. Insbesondere bei der Ausrichtung internationaler Fußballturniere hat das Stadion schon eine lange Geschichte vorzuweisen.

So bestritt die deutsche Auswahl bei der U20-Junioren-Weltmeisterschaft 1981 hier ihr Auftaktspiel. Das 1:0 gegen Mexiko war der Beginn eines erfolgreichen Turniers, das für den deutschen Herrennachwuchs damals bis zum WM-Titel führte.

Sollten die DFB-Frauen bei dieser Weltmeisterschaft ihre Vorrunde nur als Gruppenzweite abschließen, dann träfe das Team von Voss-Tecklenburg am 8. August im Hindmarsh Stadium auf den Sieger der Gruppe F. Zuvor gastieren in der Gruppenphase bereits die Topteams Brasilien, China und England in Adelaide. Auch Partien der Olympischen Spiele von 2000 fanden in diesem Schmuckkästchen bereits statt, zuletzt erfuhr die Spielstätte als Gastgeber der Asienmeisterschaft der Frauen 2006 internationale Beachtung.

Für Olympia wurde die Kapazität damals um 5.000 temporäre Plätze erweitert.

Erbaut wurde das Hindmarsh Stadium 1960 und wurde seitdem hauptsächlich für Fußball- und Rugby-Spiele genutzt. Ab 1977 trug der West Adelaide SC hier seine Heimspiele aus, seit 2003 ist das Stadion das Zuhause von Adelaide United aus der A-League. Zwischen 1998 und 2012 spielten im Hindmarsh zudem die Rugbyteams Adelaide Rams und Adelaide Black Falcons.

Stadt der Kirchen

Das an der Südküste gelegene Adelaide ist die fünftgrößte Stadt Australiens. Die Millionenmetropole, die über 250 Ortschaften im Umkreis in sich vereint, ist zudem Hauptstadt des Bundesstaates South Australia. Aufgrund ihrer Vielzahl an Kulturveranstaltungen ist Adelaide für Touristen und Besucher sehr attraktiv. Neben dem »Glenelg Jazz Festival« findet hier auch das »Adelaide Festival of Arts« statt. Aufgrund ihrer Vielzahl an historischen Kirchen im Stadtkern trägt Adelaide auch den Beinamen »City of Churches«. ⚽

Info

Name: Hindmarsh Stadium
Ort: Adelaide (South Australia, Australien)
Kapazität: 16.500 Plätze
Eröffnung: 1960
WM-Spiele: Vier Gruppenspiele und ein Achtelfinalspiel
Vereine: Adelaide United (NSL/A-League)

AUF SCHAURIGEM BODEN

Lang Park

Radrennen, Leichtathletik, Fußball, Festivals und vor allem Rugby – der Lang Park von Brisbane hat schon vielen verschiedenen Sportarten und Events eine Heimat geboten und wird seiner Bestimmung als Mehrzweckstadion gerecht.

Im Volksmund wird das mit 52.500 Plätzen zweitgrößte Stadion dieser Weltmeisterschaft auch »The Cauldron« genannt, da die hochgezogene und gleichmäßige Form der Zuschauerränge an einen Kochkessel erinnert, in dem die Stimmung überkochen kann. Alles andere als warm kann einem werden, wenn es um das Gelände geht, auf dem das Stadion ab 1910 errichtet und nach vier Jahren Bauzeit eröffnet wurde. Bis 1875 befand sich an Ort und Stelle nämlich der Hauptfriedhof von Brisbane.

Fußballer – vergeblich gesucht

In seiner Geschichte diente das Stadion vor allem als Heimstätte vieler Rugby-Vereine und der Rugby-Nationalmannschaft. Entsprechend befinden sich in der Peripherie gleich sechs Statuen australischer Rugby-Legenden, darunter Wally Lewis, der in einem Werbesong einer australischen Brauerei als »Emperor of Lang Park« besungen wird. Fußballer sucht

man unterdessen vergeblich – und das seit drei Jahren auch weitestgehend auf dem Rasen. Mit Männer-Erstligist Brisbane Roar zog der letzte Fußball-Verein zur Saison 2020 aus dem Lang Park aus. Seitdem wird das Stadion, das zuletzt von 2001 bis 2003 für insgesamt 280 Millionen australische Dollar (etwa 180 Millionen Euro) umfangreich modernisiert und in Teilen neu gebaut wurde, von drei Rugby-Vereinen genutzt.

Bei Touristen beliebt

Zuletzt war nur noch zweimal das australische Nationalteam zu Gast. Im September 2022 verlor die Frauenauswahl ein Testspiel gegen Kanada mit 0:1, knappe drei Wochen später gewann die Männer-Nationalmannschaft gegen Neuseeland mit umgedrehtem Torerfolg. Bei der WM trägt am 3. August 2023 das DFB-Team sein Vorrundenspiel gegen Südkorea im Lang Park aus, zuvor spielt hier auch schon Co-Gastgeber Australien in der

Gruppenphase gegen Nigeria. Brisbane ist mit über zwei Millionen Einwohnern die drittgrößte Stadt Australiens und trägt mehrere Kosenamen. »Brissie«, »Brisneyland« und »Bris Vegas« deuten damit auf das konviviale Lebensgefühl hin. Die nördlichste WM-Stadt ist außerdem bekannt für ihre Hochschulen und als Urlaubsregion aufgrund der nahegelegenen Strandparadiese Sunshine Coast und Gold Coast bei Touristen sehr beliebt. ⚽

Info

Name: Lang Park
Ort: Brisbane (Queensland, Australien)
Kapazität: 52.500 Plätze
Eröffnung: 1914
WM-Spiele: Fünf Gruppenspiele, ein Achtelfinale, ein Viertelfinale sowie Spiel um Platz drei
Vereine: Brisbane Broncos, Queensland Maroons, Queensland Reds (alle Rugby)

WM-GESCHICHTE

WM-Finale 2019 im Parc Olympique in Lyon, Frankreich. Megan Rapinoe (USA) erzielt das 1:0 gegen die Niederlande per Elfmeter.

USA – die erste Weltmeisterschaft

Das Ende war glorreich. Vor 63.000 Zuschauern im Tianhe-Stadion von Guangzhou besiegte das Nationalteam der USA die Auswahl Norwegens im ersten Finale einer Frauen-Weltmeisterschaft mit 2:1.

Beide Tore für die Vereinigten Staaten erzielte Michelle Akers, der entscheidende Treffer gelang der damals 25 Jahre alten Stürmerin erst zwei Zeigerumdrehungen vor dem Ende der regulären Spielzeit in der 78. Minute – damals spielten die Frauen noch über nur zweimal 40 Minuten und für einen Sieg gab es in der Vorrunde lediglich zwei Punkte. Mit ihren Turniertoren neun und zehn wurde Akers, die mit ihren Teamkolleginnen April Heinrichs und Carin Jennings die berüchtigte Offensivreihe »Triple-Edged Sword« (dreischneidiges Schwert) bildete, auch erste Torschützenkönigin. Die USA dominierten die erste WM, gewannen alle sechs Spiele im Turnierverlauf, erzielten dabei 25 Tore und schalteten die deutsche Auswahl im Halbfinale aus. Das historisch erste Tor bei einer Weltmeisterschaft erzielte die chinesische Verteidigerin Ma Li in der 22. Minute des Eröffnungsspiels gegen Norwegen, das ebenfalls im Tianhe-Stadion ausgetragen wurde und das die

> »Wenn ich daran denke, dass ich bei der allerersten WM dabei war, wird mir ganz anders.«
>
> Brandi Chastain, USA (Doppel-Weltmeisterin und Doppel-Olympia-siegerin)

Michelle Akers (Mitte), zweifache Torschützin im Finalspiel, feiert mit ihren Teamkameradinnen Julie Foudy (links) und Carin Jennins. Die US-Amerikanerinnen schlagen Norwegen 2:1.

1991

China: 16. bis 30. November
Teilnehmer: 12 (Endrunde), 49 (Bewerber)
Weltmeister: USA
Tore: 99 (3,81 pro Spiel)
Zuschauer: 510.000 (19.615 im Schnitt)
Torschützenkönigin: Michelle Akers (10 Tore/USA)
Beste Spielerin des Turniers: Carin Jennings (USA)
Finale am 30. November 1991 in Guangzhou: USA – Norwegen 2:1 (1:1), Tore: 1:0 Michelle Akers (25.), 1:1 Linda Medalen (29.), 2:1 Michelle Akers (78.)

Gastgeberinnen mit 4:0 gegen die späteren Finalistinnen gewannen. Berauscht durch den Sieg in Vorrundengruppe A kam das Aus nach einem 0:1 im Viertelfinale gegen Schweden für die Gastgeberinnen überraschend rasant.

Gespielt wurde in drei Vorrundengruppen zu je vier Teams. Europa stellte mit fünf Nationen das größte Kontingent, hinzu kamen drei Teams aus Asien und jeweils eine Elf jedes anderen Erdteils. Für die K.o.-Runde qualifizierten sich die jeweils zwei Gruppenbesten sowie die beiden besten Dritten. Schweden gelang beim 8:0 in der Vorrunde gegen Japan der höchste Turniersieg. Die Japanerinnen, die 20 Jahre später den WM-Titel holen sollten, schieden sang- und klanglos ohne eigenen Turniertreffer aus. Überraschend erreichte Außenseiter Chinesisch Taipeh (Taiwan) als einer der beiden besten Gruppendritten das Viertelfinale, während der Wettbewerb für Brasilien als schwächster Dritter schon nach der Vorrunde beendet war.

Aller Anfang ist schwer

Das von Gero Bisanz trainierte Deutschland bestritt sein erstes WM-Spiel gegen Nigeria und gewann dank der Tore von Silvia Neid, Heidi Mohr (zwei Treffer) und Gudrun Gottschlich mit 4:0. Die spätere Bundestrainerin Neid erzielte entsprechend das erste WM-Tor in der DFB-Geschichte. Nach weiteren Erfolgen gegen Chinesisch Taipeh (3:0) und Italien (2:0) benötigte die deutsche Auswahl im Viertelfinale gegen Dänemark den späten Siegtreffer von Mohr (98.) in der Verlängerung, zwei Minuten vor einem möglichen Elfmeterschießen. Zuvor hatte Bettina Wiegmann die Deutschen in der 17. Minute per Elfmeter in Führung gebracht, Susan Mackensie gelang der Ausgleich für Dänemark nur acht Minuten später ebenfalls durch einen verwandelten Elfmeter.

Im Halbfinale erwiesen sich die US-Amerikanerinnen beim 2:5 aus deutscher Sicht allerdings als zu stark. Deutschland lag bereits nach 33 Minuten durch drei Tore von Jennings deutlich zurück, ehe Mohr der erste deutsche Treffer gelang. Zwei Tore von US-Kapitänin Heinrichs und ein Tor von Wiegmann stellten den Endstand her. Im Spiel um Platz

drei blieb die deutsche Auswahl gegen Schweden mit 0:4 chancenlos, erhielt zum Turnierende aber immerhin die Auszeichnung als fairster Teilnehmer. Das Spiel um den dritten Platz sollte aus anderem Grund in die Fußball-Geschichte eingehen. Es war das erste offizielle FIFA-Pflichtspiel, das von einer Frau als Schiedsrichterin geleitet wurde. Der Brasilianerin Cláudia Vasconcelos wurde diese Ehre zuteil, die Linienrichterinnen Linda Black aus Neuseeland und die Chinesin Zuo Xiudi komplettierten das weibliche Gespann. Auch die Norwegerin Gunn Nyborg trug sich in China in die Geschichtsbücher ein. Im Finale gegen die USA stand die Verteidigerin als erste Frau zum 100. Mal in einem Länderspiel auf dem Platz. Als Trophäe durfte sie den Finalball mit nach Hause nehmen, der ihr von FIFA-Präsident João Havelange und Fußball-Legende Pelé überreicht wurde. Die erste Rote Karte der WM-Geschichte sah Torfrau Lin Hui-fang bereits in der 6. Minute des Gruppenspiels Chinesisch Taipeh gegen Nigeria, das die Asiatinnen trotzdem 2:0 gewannen.

Doch aller Anfang war für die FIFA schwer. Erst sieben Jahre nachdem der europäische Verband UEFA seine erste offizielle Europameisterschaft 1984 ausgespielt hatte, kam es zur ersten WM-Endrunde. So ganz traute die FIFA dem Frauenfußball allerdings noch nicht und scheute sich davor, dem Wettbewerb die Marke »World Cup« zu verleihen. Stattdessen wurde ein Sponsor Namenspate und die USA gewannen den »1st FIFA World Championship for Women's Football for the M&M's Cup«. ⚽

Norwegen dominiert in Schweden

Eskortiert von zwei F-16-Kampfflugzeugen ging es zurück nach Hause. In Oslo wurden die Weltmeisterinnen von ihren Fans erwartet. Jeder vierte Norweger hatte das Weltmeisterschaftsfinale gegen Deutschland im Fernsehen verfolgt.

Vier Jahre nach der Vizeweltmeisterschaft setzte sich das Team von Nationaltrainer Even Pellerud mit 2:0 gegen Deutschland durch und holte den WM-Titel ins Land der Fjorde.

Endlich waren die Frauen im Weltfußball angekommen und angenommen. Die FIFA hatte anders als noch 1991 keine Scheu mehr das Turnier als »World Cup« zu bezeichnen. Gespielt wurde wie bei den Männern über zweimal 45 Minuten und für einen Sieg in den Gruppenspielen gab es drei Punkte. Diesmal stand die Endrunde ganz im Zeichen zweier skandinavischer Verbände, obwohl das Turnier ursprünglich an Bulgarien vergeben worden war. Nachdem der Balkanstaat aber zurückzog, wurde Schweden das erste Land, das nach 1958 eine Männer- nun auch eine Frauen-WM ausrichtete, während Norwegen das Turniergeschehen an sich riss.

Die Norwegerinnen erzielten mit 23 Toren die meisten aller Teams, feierten beim 8:0 gegen Nigeria in der Gruppe den höchsten Turniersieg und schalteten im Halbfinale Titelverteidiger USA mit 1:0 aus.

> **»Ich war in der Form meines Lebens und hatte das Gefühl, dass mir nichts etwas anhaben kann.«**
>
> Hege Riise, Weltmeisterin und beste Spielerin des Turniers

Lediglich Dänemark gelang im Viertelfinale ein Treffer gegen den skandinavischen Nachbarn. Deutschland gewann die mit Schweden, Brasilien und Japan stark besetzte Gruppe A und schaltete auf dem Weg ins Finale WM-Neuling England sowie China im Halbfinale aus. Den Chinesinnen gelang immerhin die Revanche gegen Schweden. Vier Jahre zuvor hatte Schweden die Gastgeberinnen im Viertelfinale ausgeschaltet, 1995 lief es umgekehrt. Im Endspiel, das mit der Schwedin Ingrid Jonsson erstmals von einer Frau geleitet wurde, sorgte ein Doppelschlag der Norwegerinnen Hege Riise sowie Marianne Pettersen kurz vor der Pause für die Entscheidung. Die norwegische Dominanz wurde auch bei den Auszeichnungen deutlich: Mit Riise, Gro Espeseth und Torschützenkönigin Ann Kristin Aarønes gingen bei der Wahl zur Spielerin des Turniers die ersten drei Plätze allesamt an die Weltmeisternation. Jubeln durften aber auch alle Verbände, die das Viertelfinale erreicht hatten – was gleichbedeutend mit dem Ticket für die Olympischen Spiele 1996 in Atlanta (USA) war. ⁑

1995

Schweden: 5. bis 18. Juni 1995
Teilnehmer: 12 (Endrunde), 55 (Bewerber)
Weltmeister: Norwegen
Tore: 99 (3,81 pro Spiel)
Zuschauer: 112.213 (4316 im Schnitt)
Torschützenkönigin: Ann Kristin Aarønes (6 Tore/Norwegen)
Beste Spielerin des Turniers: Hege Riise (Norwegen)
Finale am 18. Juni 1995 in Solna: Norwegen – Deutschland 2:0 (2:0), Tore: 1:0 Hege Riise (37.), 2:0 Marianne Pettersen (40.)

Titelverteidiger USA, hier mit Kristine Lilly im Zweikampf mit Norwegens Linda Medalen (links), unterliegt im Halbfinale dem späteren Weltmeister Norwegen.

USA gewinnt die Heim-WM

Fotos, die Sportgeschichte schrieben.
Brandi Chastain hatte soeben im WM-Finale
von 1999 den entscheidenden Treffer im
Elfmeterschießen gegen China erzielt, da
zog die damals 30-Jährige ihr Trikot aus
und gab den Fußballfans weltweit Blicke
auf ihren Sport-BH frei.

Die Fotografen knipsten den ikonischen Moment eifrig und Chastains Jubel war tags drauf auf den Titelseiten etlicher Zeitungen und Magazine zu sehen.

Chastain stand so bildhaft für die als bestes US-Nationalteam der Geschichte angesehenen Weltmeisterinnen, die den Beinamen »99ers« erhielten und fortan ihre Bekanntheit durch Besuche in TV- und Late-Night-Shows steigerten. Neben Chastain gehörten Torfrau Brianna Scurry und die Stürmerinnen Michelle Akers sowie Mia Hamm zu den Gesichtern der Titelgewinnerinnen.

Überhaupt war die Weltmeisterschaft 1999 ganz im amerikanischen Selbstverständnis ein Wettbewerb der Superlative. Die 90.185 Fans im Rose-Bowl-Stadion von Pasadena stellen bis heute den Zuschauerrekord für ein Spiel bei einer Frauen-Weltmeisterschaft dar. Über 17 Millionen US-Fans im Schnitt und über 40 Millionen in der Spitze verfolgten das Endspiel, dass die Gastgeberinnen mit 5:4 im ersten Final-Elfmeterschießen der WM-Historie für sich entschieden. Das Teilnehmerfeld wurde im Vergleich zu den vorherigen Austragungen auf 16 Nationen erweitert, was dazu führte, dass sich erstmals keine Gruppendritten aus der Vorrunde mehr für das Viertelfinale qualifizierten.

Überraschungen in der K.o.-Runde

Ungewöhnlich früh musste sich das deutsche Team verabschieden. Das Team von Bundestrainerin Tina Theune schied trotz 2:1-Halbzeitführung gegen die USA im Viertelfinale mit 2:3 aus. Immerhin schafften es die DFB-Kickerinnen Doris Fitschen und Bettina Wiegmann ins erstmals berufene Allstar-Team des Turniers. Die Träume von Titelverteidiger Norwegen endeten jäh durch eine hohe 0:5-Niederlage im Halbfinale gegen China. K.o.-Phasen-Premiere feierten bei ihrer dritten WM-Teilnahme Nigeria

---

1999 🇺🇸

USA: 19. Juni bis 10. Juli 1999
Teilnehmer: 16 (Endrunde), 88 (Bewerber)
Weltmeister: USA
Tore: 123 (3,84 pro Spiel)
Zuschauer: 1.214.209 (37.944 im Schnitt)
Torschützenkönigin: Sissi (Brasilien) und Sun Wen (China/jeweils 7 Tore)
Beste Spielerin des Turniers: Sun Wen (China)
Finale am 10. Juli 1999 in Pasadena: USA – China 5:4 i.E. (0:0 n.V.), Tore: 0:1 Xi Huilin, 1:1 Carla Overbeck, 1:2 Qiu Haiyan, 2:2 Joy Fawcett, 3:2 Kristine Lilly, 3:3 Zhang Ouying, 4:3 Mia Hamm, 4:4 Sun Wen, 5:4 Brandi Chastain

---

und Brasilien, die Südamerikanerinnen beendeten das Turnier dann gleich auf dem dritten Platz. Die russische Auswahl schaffte es als einziger WM-Neuling ins Viertelfinale.

Kantersieg von China

Zum ersten Mal wurden sämtliche Partien von Schiedsrichterinnen geleitet. Aus Deutschland war die Bambergerin Elke Günthner in die Vereinigten Staaten gereist und leitete den 7:0-Gruppensieg der Chinesinnen über Ghana. Das Finale war zudem die Wiederauflage des Olympischen Endspiels von 1996 in Atlanta, das die USA ebenfalls vor heimischer Kulisse mit 2:1 gewannen. ⚽

Brandi Chastain (USA) feiert den WM-Sieg nach Elfmeterschießen.

Per Golden Goal zum Titel

Der Ball strich in der 98. Minute des WM-Finales von 2003 über Caroline Jönsson ins Tor. Die schwedische Torfrau war geschlagen durch den wahrscheinlich berühmtesten Treffer in der Geschichte der deutschen Frauen.

Renato Lingor hatte einen Freistoß aus dem rechten Halbfeld hoch in den Strafraum der Schwedinnen gebracht. Zwischen Elfmeterpunkt und Fünfmeterraummarkierung stieg Deutschlands Nia Künzer am höchsten und platzierte den Ball mit dem Kopf über Jönssons Händen und knapp unterhalb der Latte des schwedischen Gehäuses. Golden Goal, Schlusspfiff, Weltmeister! Deutschland wurde so zur ersten und bisher einzigen Nation, die den WM-Titel sowohl bei den Männern als auch bei den Frauen gewonnen hatte. Die damals erst 21 Jahre alte Künzer hatte ein Tor für die Ewigkeit erzielt.

Was für die deutschen Frauen den größten Moment ihrer Karriere bedeutete, war gleichsam ein Déjà-Vu-Erlebnis für beide Teams – für die Schwedinnen in bitteres. Nur zwei Jahre zuvor hatten sich Deutschland und Schweden im Finale der Europa-

Das deutsche Team mit Maren Meinert, die den Pokal in die Luft hält, jubelt ausgelassen im Konfetti-Regen. Die deutschen Spielerinnen gewinnen das Endspiel der Weltmeisterschaft 2003 in Carson bei Los Angeles gegen die Schwedinnen mit 2:1 in der Verlängerung und werden damit zum ersten Mal Weltmeister.

meisterschaft schon einmal gegenüber gestanden. Auch dieses denkwürdige Endspiel war in die Verlängerung gegangen. Und wie zwei Jahre danach fiel der entscheidende Treffer zugunsten der Deutschen in der 98. Spielminute. Die EM, die in Deutschland stattgefunden hatte, entschied nur Claudia Müller anstatt Nia Künzer mit einem Rechtsschuss für eine Fußball-Nation, die in den ersten Jahren des neuen Jahrtausends den Weltfußball dominierte.

Vier Jahre nachdem die USA die Weltmeisterschaft im eigenen Land gewonnen hatte, waren die Vereinigten Staaten erneut Ausrichter. Obwohl die Endrunde 1999 ein voller Erfolg war, fand diesmal alles eine Nummer kleiner statt. Der Grund dafür war einfach: Ursprünglich hätte China Gastgeber sein sollen, doch nachdem dort im Frühjahr 2003 der SARS-Virus ausgebrochen war, suchte die FIFA kurzfristig einen neuen Veranstalter. Neben Schwe-

2003

USA: 20. September bis 12. Oktober 2003
Teilnehmer: 16 (Endrunde), 99 (Bewerber)
Weltmeister: Deutschland
Tore: 107 (3,34 pro Spiel)
Zuschauer: 679.664 (21.240 im Schnitt)
Torschützenkönigin: Birgit Prinz (Deutschland/7Tore)
Beste Spielerin des Turniers: Birgit Prinz (Deutschland)
Beste Torhüterin des Turniers: Silke Rottenberg (Deutschland)
Finale am 12. Oktober 2003 in Carson: Deutschland – Schweden 2:1 nach Golden Goal., 1:1, 0:1, Tore: 0:1 Hanna Ljungberg (41.), 1:1 Maren Meinert (46.), 2:1 Nia Künzer (98.)

Nia Künzer (4) gewinnt das Kopfballduell und bezwingt die schwedische Torhüterin Caroline Joensson (1).

den bewarben sich die USA und erhielten letztendlich den Zuschlag aufgrund der erfolgreichen Weltmeisterschaft vier Jahre zuvor. Allerdings kollidierte der WM-Spielplan mit den Partien großer US-Sportligen, zudem hatte sich das Sicherheitskonzept durch die Terroranschläge auf das World Trade Center im September 2001 verschärft. Das Finale fand so nur vor 26.137 Fans im kleinen Home Depot Center im kalifornischen Carson statt – 1999 hatten noch über 90.000 Fans das Endspiel im Rose Bowl von Pasadena verfolgt.

Deutschland gewinnt den ersten WM-Titel
Sportlich war das Turnier dennoch ein voller Erfolg. In der Vorrunde setzten sich mit den USA und Schweden, Brasilien und Norwegen, Deutschland und Kanada sowie China und Russland in allen vier Gruppen die Favoriten durch, wobei die USA und Deutschland am meisten überzeugten. Im Viertelfinale sorgte dann Deutschland mit einem 7:1 über die Russinnen für Aufsehen, während sich die USA in einer Wiederauflage des WM-Endspiels von 1995 mit 1:0 gegen Norwegen durchsetzte. Die beiden bis dahin stärksten Teams der Endrunde trafen so bereits im Halbfinale aufeinander. Im PGE Park von Portland brachte Kerstin Garefrekes Deutschland nach einer Viertelstunde in Führung, Maren Meinert

»Frauen sind nicht so wehleidig. Wenn wir mal gefoult werden, stehen wir sofort wieder auf und machen nicht so 'ne Show!«

Nia Künzer, Schützin des Siegtors bei der WM 2003

und Birgit Prinz sorgten erst in der Nachspielzeit mit ihren Treffern für den 3:0-Endstand. Der Titelverteidiger war damit vor eigenem Publikum raus.

Im Finale gegen Schweden gab zunächst Deutschland den Ton an, DFB-Stürmerin Birgit Prinz, die mit sieben Turniertoren Torschützenkönigin wurde, hatte in der ersten Halbzeit mehrere gute Chancen. Kurz vor der Pause aber brachte Hanna Ljungberg die Skandinavierinnen in Führung. Doch Deutschland brauchte nach Wiederbeginn nicht einmal eine Minute, um zum Ausgleich zu kommen. Prinz spielte den Ball rechts in den Strafraum zu Meinert, die den Ball etwas glücklich an Jönsson vorbei ins Tor schoss. Künzer wurde in der 88. Spielminute eingewechselt – der Rest ist Geschichte.

Die deutsche Auswahl von Bundestrainerin Tina Theune-Meyer holte nicht nur ihren ersten WM-Titel, sondern wurde von den deutschen Sportjournalisten am Jahresende auch erstmals zu Deutschlands »Mannschaft des Jahres« gewählt. Nia Künzers Golden Goal wurde zum »Tor des Jahres 2003« gewählt. Prinz gewann neben der Torjägerkanone auch die Wahl als »Beste Spielerin des Turniers«. Später wurde sie »Weltfußballerin des Jahres«. Erstmals wurde auch die beste Torhüterin einer WM-Endrunde ausgezeichnet. Diesen Titel räumte mit Silke Rottenberg eine weitere Deutsche ab. ⊕

Deutschland verteidigt den Titel

Nadine Angerer sprang auf und ballte beide Hände zu Fäusten. Momente später klatschten Simone Laudehr, Ariane Hingst, Renate Lingor und andere Spielerinnen die deutsche Torfrau ab.

Nur Sekunden zuvor hatte Angerer einen Foulelfmeter der bis dahin mit sieben Treffern erfolgreichsten Torschützin des WM-Turniers pariert. Brasilien lag in der 64. Spielminute des Endspiels von Shanghai mit 0:1 gegen das deutsche Team hinten. Marta, damals 21 Jahre alt und auf dem Weg zur besten Spielerin der Welt, entschied sich für die linke untere Ecke. Doch Angerer war blitzschnell abgetaucht und hatte der deutschen Auswahl ihre Führung bewahrt.

In den Schlussminuten besiegelte ein Kopfballtreffer von Simone Laudehr die erfolgreiche deutsche Titelverteidigung, Birgit Prinz hatte ihr Team kurz nach der Pause nach einem sehenswerten Spielzug mit einem Rechtsschuss in Führung gebracht. Die deutsche Auswahl wurde so zum zweiten Mal Weltmeister und gleichzeitig die erste Nation, der es gelang, ihren Titel zu verteidigen. Der gehaltene Elfmeter von Angerer war ebenfalls einen Eintrag in die WM-Historie wert: Deutschland blieb im gesamten Turnierverlauf ohne Gegentor und die damals 28 Jahre alte Torhüterin sollte im Hinblick auf die Weltmeisterschaft in Deutschland vier Jahre später zu einem charismatischen Aushängeschild des deutschen Fußballs werden.

> »Man muss klar sagen, die besseren Einzelspielerinnen hatten andere.«
>
> Birgit Prinz,
> Weltmeisterin 2003
> und 2007,
> Deutschland

Scheinbar mühelos ins Finale

Zum zweiten Mal nach 1991 war China Gastgeber einer WM-Endrunde, wegen des Ausbruchs des SARS-Virus vier Jahre später als ursprünglich geplant. Diesmal nicht ganz ohne Skandal. Vor dem ersten Gruppenspiel der Gastgeberinnen gegen Dänemark beschwerten sich die Skandinavierinnen über Belästigungen und Spionage-Aktionen. Die Asiatinnen gewannen ihren Auftakt mit 3:2 und von den Anschuldigungen beeinträchtigt verweigerten Chinas schwedische Trainerin Marika Domanski-Lyfors und ihre Assistentin Pia Sundhage nach dem Spiel den Handschlag mit Dänemarks Trainer Kenneth Heiner-Møller, der später von der FIFA sogar für vier Spiele gesperrt wurde. Der Vorfall sollte allerdings nicht über ein erfolgreiches Turnier hinwegtäuschen. Nach der WM 1999 in den USA wurde die Zuschauermarke von über einer Million Fans in den Stadien zum zweiten Mal geknackt.

Das Golden Goal, das vier Jahre zuvor noch das Finale entschieden hatte, war von der FIFA rechtzeitig zur Endrunde abgeschafft worden. Allerdings sollte es in sämtlichen acht Partien ab der K.o.-Phase zu keiner Verlängerung kommen. Erstmals in einem WM-Viertelfinale standen neben Nordkorea auch die Australierinnen, die in der Gruppenphase Kanada und Ghana hinter sich ließen. Die Nordkoreanerinnen eliminierten in der Vorrunde hingegen

Die deutschen Frauen jubeln nach dem Schlusspfiff über den Finalsieg gegen Brasilien (von links): Silke Rottenberg (2), Sandra Minnert (13), Babett Peter (4), Birgit Prinz (hinten), Sandra Smisek (8). Die Mission Titelverteidigung ist geglückt.

2007

China: 10. September bis 30. September 2007
Teilnehmer: 16 (Endrunde), 119 (Bewerber)
Weltmeister: Deutschland
Tore: 111 (3,47 pro Spiel)
Zuschauer: 1.190.971 (37.218 im Schnitt)
Torschützenkönigin: Marta (Brasilien/7 Tore)
Beste Spielerin des Turniers: Marta (Brasilien)
Beste Torhüterin des Turniers: Nadine Angerer (Deutschland)
Finale am 30. September 2007 in Shanghai: Deutschland – Brasilien 2:0 (0:0), Tore: 1:0 Birgit Prinz (52.), 2:0 Simone Laudehr (86.)

Die deutsche Torhüterin Nadine Angerer (1) klärt gegen die Brasilianerin Marta im Finale der Fußballweltmeisterschaft am 30. September 2007 in Shanghai.

Vize-Weltmeister Schweden, das damit erstmals bei einer WM-Vorrunde ausschied. Entsprechend gewarnt war die deutsche Nationalelf von Bundestrainerin Silvia Neid vor dem Duell mit den Koreanerinnen in der Runde der letzten acht Teilnehmer. Doch beim 3:0 hatte Deutschland ebenso wenig Mühe, wie im Halbfinale gegen Norwegen, das ebenfalls mit 3:0 geschlagen wurde. Die Norwegerinnen, für die Torhüterin Bente Nordby bereits bei der fünften Weltmeisterschaft dabei war, verpassten damit auch die Chance zur Revanche für das verlorene EM-Finale 2005 gegen die deutsche Auswahl.

Präsent nicht nur auf dem Platz

Überhaupt hatte die Endrunde für das deutsche Team mit einem Rekord angefangen. Gleich mit 11:0 gewann Deutschland das Eröffnungsspiel gegen Südamerikameister Argentinien. Birgit Prinz und Sandra Smisek waren mit jeweils drei Treffern die erfolgreichsten Torschützinnen. Niemals zuvor

> »Manchmal kann man ungeheuer gut sein und erreicht das Ziel trotzdem nicht.«
>
> Marta, brasilianische Stürmerin

hatte es bei einer Endrunde ein höheres Ergebnis gegeben. Gastgeber China scheiterte schon im Viertelfinale an Norwegen, während die Brasilianerinnen von Marta und ihrer Teamkollegin Cristiane durch das Turnier getragen wurden. Über Erfolge gegen Australien und die USA, die nach einem 0:4 im Halbfinale ihre Hoffnungen auf einen dritten WM-Titel begraben mussten, erreichten die Südamerikanerinnen zum ersten Mal ein WM-Finale. Für die USA absolvierte Mittelfeldspielerin Kristine Lilly ihre fünfte WM und ist bis heute mit 30 Endrundenspielen Rekordhalterin.

Die deutschen Weltmeisterinnen mussten sich bei der Sportlerwahl 2007 zwar mit dem zweiten Platz hinter den Handball-Männern, die ebenfalls Weltmeister wurden, begnügen, trotzdem blieben die Spielerinnen in den Medien präsent. Nadine Angerer war zu Gast bei »Wetten, dass …?«, Fatmire Bajramaj traf im »Aktuellen Sportstudio« an der Torwand zweimal mit Sieben-Zentimeter-Absätzen. ◌

Überraschungsweltmeister Japan

Der Schmerz einer ganzen Nation erfuhr Linderung. Gute vier Monate nach der Tsunami-Katastrophe, die über 15.000 Menschen in Japan das Leben gekostet hatte, gab der Weltmeistertitel der japanischen Fußballfrauen dem traumatisierten asiatischen Inselstaat zumindest Anlass zu einem Lächeln.

Gegen die übermächtig erscheinenden US-Amerikanerinnen hatten die Japanerinnen im Finale von Frankfurt durch jeweils einen späten Treffer von Aya Miyama und Homare Sawa zweimal für den späten Ausgleich gesorgt. Im Elfmeterschießen versagten den USA dann die Nerven und Japans Torhüterin Ayumi Kaihori wuchs mit zwei Paraden über sich hinaus. Letztlich verwandelte Abwehrspielerin Saki Kumagai den entscheidenden Elfmeter.

Der Titelgewinn der Japanerinnen, die erstmals seit 1995 überhaupt wieder die Vorrunde überstanden, stellte einen Sprung in der Entwicklung des Frauenfußballs dar. Japan spielte unter Cheftrainer Norio Sasaki einen technisch versierten Fußball, der auf Geduld und Ballbesitz ausgelegt war. Mit dieser Spielweise hatten die Asiatinnen bereits Titelverteidiger und Gastgeber Deutschland im Viertelfinale um den Verstand gebracht. Die deutsche Auswahl von Bundestrainerin Silvia Neid war als großer Favorit ins Turnier gestartet, verlor dann aber durch ein Tor der Japanerin Karina Maruyama in der Verlängerung mit 0:1.

Schwung für den Frauenfußball

Deutschlands Torfrau Nadine Angerer stand nach dem Gegentreffer aus spitzem Winkel ebenso in der Kritik wie Trainerin Neid, der vorgeworfen wurde, in der Personalie Birgit Prinz falsch gehandelt zu haben. Kapitänin Prinz, die mit 128 Toren erfolgreichste Torschützin der DFB- und UEFA-Geschichte, war zum Turnierzeitpunkt 33 Jahre alt und vollkommen außer Form. Nach zwei durchwachsenen Auftritten der deutschen Elf nahm Neid Prinz aus dem Team und brachte sie weder im dritten Gruppenspiel gegen Frankreich noch beim Aus gegen Japan. Nach dem Turnier beendete Prinz ihre Karriere in der Nationalauswahl.

Der DFB und die deutsche Politik hatte im Vorfeld viel dafür getan, um den Schwung der Heim-WM für den Frauenfußball zu nutzen. Die ehemalige Nationalspielerin Steffi Jones wurde Präsidentin des Organisationskomitees und Bundespräsident Christian Wulff übernahm die Schirmherrschaft. Schon bei der Bewerbung Deutschlands als Ausrichter des Turniers hatte Bundeskanzlerin Angela Merkel die volle Unterstützung der Bundesregierung zugesagt. Neid und Männer-Bundestrainer Jogi Löw übernahmen zudem die Schirmherrschaft über die Kampagne »TEAM 2011«, bei der die Zusammenarbeit zwischen Schulen und Vereinen gefördert wurde, um mehr Mädchen in den Juniorinnen-Fußball zu bewegen.

Wie eine heiße Kartoffel

Fünf Jahre nachdem »Die Welt zu Gast bei Freunden« war, das Motto der Männer-Weltmeisterschaft von 2006, zeigte sich »20elf von seiner schönsten Seite«, als Leitspruch dieser WM, in deren Vorfeld die FIFA erwogen hatte, das Teilnehmerfeld zu erweitern. Letztendlich nahm der Weltverband davon aber Abstand, auch weil Deutschland das

> »Das konnten wir nicht testen – leider. Ich konnte meine Mannschaft nicht anweisen, in Rückstand zu gehen.«
>
> Silvia Neid, deutsche Trainerin, deren Team bei der WM-Vorbereitung keinen Treffer kassiert hat

2011

Deutschland: 26. Juni bis 17. Juli 2011
Teilnehmer: 16 (Endrunde), 126 (Bewerber)
Weltmeister: Japan
Tore: 86 (2,69 pro Spiel)
Zuschauer: 845.711 (26.428 im Schnitt)
Torschützenkönigin: Homare Sawa (Japan/5 Tore)
Beste Spielerin des Turniers: Homare Sawa (Japan)
Beste Torhüterin des Turniers: Hope Solo (USA)
Beste Nachwuchsspielerin: Caitlin Foord (Australien)
Finale am 17. Juli 2011 in Frankfurt: Japan – USA 3:1 i.E., 2:2 (1:1, 0:0), Tore: 0:1 Alex Morgan (69.), 1:1 Aya Miyama (81.), 1:2 Abby Wambach (104.), 2:2 Homare Sawa (117.), Elfmeterschießen: 1:0 Aya Miyama, 2:0 Mizuho Sakaguchi, 2:1 Abby Wambach, 3:1 Saki Kumagai

Die japanischen Fußballerinnen waren mit ihrem Titelgewinn das Überraschungsteam bei der Fußballweltmeisterschaft 2011 in Deutschland.

Eröffnungsspiel vier Jahre zuvor zweistellig gewonnen hatte und die FIFA befürchtete, so noch mehr deutliche Ergebnisse zu erhalten. Für eine der kuriosesten Szenen der WM-Geschichte sorgte im Turnierverlauf Bruna aus dem erstmals qualifizierten Äquatorialguinea. Im Vorrundenspiel gegen Australien nahm die Abwehrspielerin den Ball nach einem Abpraller vom Pfosten mit der Hand auf und hielt den Ball mehrere Sekunden fest, ehe sie ihn wie eine heiße Kartoffel fallen ließ. Schiedsrichterin Gyöngyi Gaál aus Ungarn verzichtete aber auf den fälligen Handelfmeter.

Der Geheimfavorit scheidet früh aus

In der Vorrunde zeigte sich Schweden stark und gewann die Gruppe noch vor den USA, scheiterte im Halbfinale aber an Japan. Brasilien gewann ebenfalls alle drei Gruppenspiele, zog im Viertelfinale im Elfmeterschießen gegen die Vereinigten Staaten aber den Kürzeren, wodurch beide Finalteilnehmer der vorherigen Endrunde bereits vor dem Halbfinale eliminiert waren. Weltstar Marta zog sich durch theatralisches Verhalten und wildes Gestikulieren

Japans Saki Kumagai (4) springt hoch zum Kopfball im Finale der Weltmeisterschaft 2011 gegen die favorisierten US-Amerikanerinnen.

in vielen Szenen den Unmut des deutschen Publikums zu, während mit US-Torfrau Hope Solo ein neuer Topstar seinen internationalen Durchbruch feierte.

Die als Geheimfavoriten gehandelten Nordkoreanerinnen waren schon in der Vorrunde ausgeschieden und Frankreich drang bei seiner erst zweiten Endrundenteilnahme bis ins Halbfinale vor. Deutschland, das im Finale durch Schiedsrichterin Bibiana Steinhaus doch noch vertreten war, sollte sich nach zwei WM- und drei EM-Titeln in der ersten Dekade des neuen Jahrtausends bei der folgenden Europameisterschaft 2013 in Schweden mit seinem sechsten Kontinentaltitel in Folge von dem frühen Ausscheiden bei der Heim-WM rehabilitieren. ⚽

USA glückt Revanche gegen Japan

Im Endspiel machten die USA kurzen Prozess. Schon nach einer guten Viertelstunde lagen die Vereinigten Staaten mit 4:0 gegen Titelverteidiger Japan vorne.

Die zweimalige Weltfußballerin Carli Lloyd aus den USA (links) feiert mit der besten Torhüterin des Turniers, ihrer Teamkameradin Hope Solo.

2015

Kanada: 6. Juni bis 5. Juli 2015
Teilnehmer: 24 (Endrunde), 136 (Bewerber)
Weltmeister: USA
Tore: 146 (2,81 pro Spiel)
Zuschauer: 1.353.506 (26.029 im Schnitt)
Torschützenkönigin: Célia Šašić (Deutschland/ 6 Tore)
Beste Spielerin des Turniers: Carli Lloyd (USA)
Beste Torhüterin des Turniers: Hope Solo (USA)
Beste Nachwuchsspielerin: Kadeisha Buchanan (Kanada)
Finale am 5. Juli 2015 in Vancouver: USA – Japan 5:2 (4:1), Tore: 1:0 Lloyd (3.), 2:0 Lloyd (5.), 3:0 Lauren Holiday (14.), 4:0 Lloyd (16.), 4:1 Yūki Ōgimi (27.), 4:2 Julie Johnston (52./Eigentor), 5:2 Tobin Heath (54.)

Kapitänin Carli Lloyd machte die Wiederauflage des Endspiels von 2011 dabei zu ihrer ganz persönlichen Revanche. Nachdem der Stürmerin vier Jahre zuvor im Elfmeterschießen die Nerven versagt waren, brachte sie ihr Team mit einem Doppelschlag in den ersten fünf Minuten auf die Siegerstraße und legte einen dritten Treffer nach. Tobin Heath, die bei der Erstauflage dieser Finalpaarung ebenfalls ihren Elfmeter verschossen hatte, gelang nach kurzem Aufbäumen der Japanerinnen mit ihrem Treffer zum Endstand ebenfalls eine eigene Wiedergutmachung.

Die FIFA hatte sich zur Endrunde in Kanada dazu entschieden, das Feld auf 24 Teilnehmer auszuweiten. Da zudem Nationen wie Dänemark, Russland oder Ghana in der Qualifikation gescheitert waren – und Nordkorea aufgrund von Dopingvergehen ausgeschlossen war – feierten gleich acht Auswahlteams ihre WM-Premiere. Insgesamt drei Neulinge überstanden dabei direkt die Gruppenphase. Für Kamerun, die Niederlande und die Schweiz kam das Ende dann aber im neu eingeführten Achtelfinale. Die Debütanten Ecuador und Elfenbeinküste mussten zweistellige Niederlagen über sich ergehen lassen. Für eines dieser hohen Ergebnisse war wieder einmal Deutschland verantwortlich. Das

> **»Welch ein Sieg für das Team USA! Große Leistung, Carli Lloyd! Ihr Land ist so stolz auf Sie.«**
>
> Barack Obama, früherer U.S.-Präsident via Twitter

Team von Bundestrainerin Silvia Neid schlug die Ivorerinnen mit 10:0 und kam nach einem Unentschieden gegen Norwegen und einem Erfolg über Thailand auch dank der Tordifferenz als Gruppenerster weiter. DFB-Stürmerin Célia Šašić legte mit drei Toren in der Auftaktpartie ihren Grundstock für die spätere Torjägerkrone, Mittelfeldspielerin Melanie Behringer erzielte mit ihrem Treffer zum zwischenzeitlichen 9:0 das 100. deutsche WM-Tor. Über Schweden, das mit drei Unentschieden in der Vorrunde das Viertelfinale erreichte, und Frankreich stieß Deutschland ins Halbfinale vor, scheiterte dort im Duell der beiden Rekordweltmeister aber an den USA, das später mit dem dritten Titel an den Deutschen vorbeizog. Das Spiel um Platz drei verlor Deutschland dann gegen England mit 0:1, die »Lionesses« (Löwinnen) waren erstmals überhaupt bis in ein WM-Halbfinale vorgestoßen. ❖

Der vierte WM-Titel für die USA

Am Ende triumphierten wieder die USA. Zum zweiten Mal in der WM-Geschichte gelang es einer Nation, ihren Titel zu verteidigen. Mit dem vierten WM-Titel zementierten die Amerikanerinnen zudem ihren Status als Rekord-Weltmeisterinnen.

Die Geschichte dieser Weltmeisterschaft schrieb aber eine viel kleinere Nation mit einer wesentlich kürzeren Geschichte in der Beletage des Frauenfußballs. Erst zum zweiten Mal qualifizierten sich die Niederlande überhaupt für eine WM-Endrunde. Schon vier Jahre zuvor hatten die »Leeuwinnen« (Löwinnen) die Vorrunde überstanden. Als amtierender Europameister von 2017 im eigenen Land war das Team von Bondscoach Sarina Wiegman nach Frankreich gereist und sorgte dort für Furore. Mit drei Siegen stürmte Oranje durch die Vorrunde, schaltete im Achtelfinale Ex-Weltmeister Japan aus und erreichte über Italien das Halbfinale gegen Schweden, das durch Jackie Groenen in der Verlängerung entschieden wurde.

Auch im Finale gegen die USA hielten die Niederländerinnen lange gut mit. In der 60. Spielminute brachte dann Stefanie van der Gragt ihre Gegenspielerin Alex Morgan zu Fall. Schiedsrichterin Stéphanie Frappart aus Frankreich ließ die Partie zunächst weiterlaufen, doch dann griff der Videoas-

> »Dass wir die Marke von einer Milliarde Zuschauern geknackt haben, beweist eindrucksvoll die Zugkraft des Frauenfußballs.«
>
> Gianni Infantino, FIFA-Präsident

2019

Frankreich: 7. Juni bis 7. Juli 2019
Teilnehmer: 24 (Endrunde), 148 (Bewerber)
Weltmeister: USA
Tore: 146 (2,81 pro Spiel)
Zuschauer: 1.131.312 (21.756 im Schnitt)
Torschützenkönigin: Megan Rapinoe (USA/6 Tore)
Beste Spielerin des Turniers: Megan Rapinoe (USA)
Beste Torhüterin des Turniers: Sari van Veenendaal (Niederlande)
Beste Nachwuchsspielerin: Giulia Gwinn (Deutschland)
Finale am 7. Juli 2019 in Lyon: USA – Niederlande 2:0 (0:0), Tore: 1:0 Megan Rapinoe (61./Foulelfmeter), 2:0 Rose Lavelle (69.)

sistent ein, der zu dieser Endrunde eingeführt wurde. Nach Überprüfung der Aufnahmen entschied Frappart auf Elfmeter, den Megan Rapinoe verwandelte. Rose Lavelle sorgte wenige Minuten später für die Vorentscheidung, die Niederländerinnen kamen nicht mehr zurück.

Für Deutschland endete die erste Weltmeisterschaft unter Bundestrainerin Martina Voss-Tecklenburg im Viertelfinale gegen Schweden. Obwohl Mittelfeldspielerin Lina Magull die DFB-Auswahl in Führung gebracht hatte, drehten die Skandinavierinnen noch die Partie und gewannen 2:1. Für Gastgeber Frankreich war das Turnier ebenfalls im Viertelfinale beendet. Die vier WM-Neulinge Chile, Jamaika, Schottland und Südafrika scheiterten allesamt in der Vorrunde. Eine junge deutsche Spielerin schaffte es ins Rampenlicht: Die damals erst 20 Jahre alte Mittelfeldspielerin Giulia Gwinn wurde als beste Nachwuchsspielerin ausgezeichnet. ⚽

Die frisch gekürten Weltmeisterinnen (von links): Alex Morgan, Rose Lavelle, Megan Rapinoe

Impressum

Bibliografische Information der Deutschen Nationalbibliothek
Die Deutsche Nationalbibliothek verzeichnet diese Publikation in der Deutschen Nationalbibliografie.
Detaillierte bibliografische Daten sind im Internet über http://d-nb.de abrufbar.

Für Fragen und Anregungen
info@rivaverlag.de

Wichtiger Hinweis
Ausschließlich zum Zweck der besseren Lesbarkeit wurde auf eine genderspezifische Schreibweise sowie eine Mehrfachbezeichnung verzichtet. Alle personenbezogenen Bezeichnungen sind somit geschlechtsneutral zu verstehen.

Originalausgabe
1. Auflage 2023
© 2023 by riva Verlag, ein Imprint der Münchner Verlagsgruppe GmbH
Türkenstraße 89
80799 München
Tel.: 089 651285-0
Fax: 089 652096

Autor: Markus Schulz, Remscheid
Realisierung: Tpd Medien GmbH, München, Klaus Winter, www.tpd.de
Umschlaggestaltung: Marc-Torben Fischer, München
Druck: Florjancic Tisk d.o.o., Slowenien
Printed in the EU

Bildnachweis:

Umschlagabbildungen: IMAGO/Alex Nicodim, IMAGO/Icon Sportswire, IMAGO/Hentschel, IMAGO/Lobeca, Shutterstock/aPhoenix photographer, Shutterstock/EFKS; S. 4-5: tpd.de; S. 6-7: picture alliance/dpa | Sebastian Gollnow; S. 9: picture alliance / Eibner-Pressefoto | Eibner/Memmler; S.10-11: picture alliance / Xinhua News Agency | Guo Lei, picture alliance / SVEN SIMON | Anke Waelischmiller, picture alliance/dpa | Sebastian Christoph Gollnow; S. 12-13: picture alliance / SVEN SIMON | Anke Waelischmiller; S. 14-15: picture alliance / dpa | Herbert Knosowski; S. 16-17: picture alliance / Sven Simon | SVEN SIMON picture alliance / DeFodi Images | Thor Wegner; S. 18-19: picture alliance / SVEN SIMON | Anke Waelischmiller, picture alliance / Eibner-Pressefoto | Eibner/Memmler; S. 20-21: picture alliance / ZUMAPRESS.com | Daniela Porcelli; S. 22-23: picture alliance / SVEN SIMON | Anke Waelischmiller, picture alliance / Eibner-Pressefoto | Eibner/Memmler; S. 24-25: Ververidis Vasilis / Shutterstock.com, picture alliance/dpa | Sebastian Gollnow; S. 26-27: picture alliance / Eibner-Pressefoto | Eibner/Memmler, picture alliance / firo Sportphoto | Jürgen Fromme; 28-29: picture alliance / Pressefoto Baumann | Cathrin Müller, picture alliance / Eibner-Pressefoto | Eibner/Memmler; S. 30-31: Jose Breton- Pics Action / Shutterstock.com; S. 32-33: Ringo Chiu / Shutterstock.com, picture alliance / ASSOCIATED PRESS | Lee Jin-man; S. 34-35: picture alliance / NTB | Rodrigo FreitasMediennummer, picture alliance / NurPhoto | George Calvelo; S. 36-37: IOIO IMAGES / Shutterstock.com, picture alliance / BEAUTIFUL SPORTS/Wunderl | BEAUTIFUL SPORTS/Wunderl; S. 38-39: Mikolaj Barbanell / Shutterstock.com, katatonia82 / Shutterstock.com; S. 40-41: Jose Breton- Pics Action / Shutterstock.com, IOIO IMAGES / Shutterstock.com; S. 42-43: Jose Breton- Pics Action / Shutterstock.com, picture alliance / EPA | Luis Ramirez; S. 44-45: Romain Biard / Shutterstock.com, photographyjp / Shutterstock.com; S. 46-47: picture alliance / Eibner-Pressefoto | Eibner/Memmler; S. 48-49: picture alliance / ATP photo agency | QIAN JUM, Federico Guerra Moran / Shutterstock.com; S. 50-51: Jose Breton- Pics Action / Shutterstock.com; S. 52-53: feelphoto / Shutterstock.com; S. 54-55: Jose Breton- Pics Action / Shutterstock.com, picture alliance / Xinhua News Agency | Guo Lei; S. 56-57: picture alliance / DPPI media | Melanie Laurent, picture alliance / Eibner-Pressefoto | Eibner/Memmler; S. 58-59: picture alliance / empics | Martin Rickett, picture alliance / ZUMAPRESS.com | Robin Alam; S. 60-61: feelphoto / Shutterstock.com, Mikolaj Barbanell / Shutterstock.com; S. 62-63: Vincenzo Izzo / Shutterstock.com; S. 64-65: picture alliance/dpa | Sebastian Gollnow; S. 66-67: Mikolaj Barbanell / Shutterstock.com, picture alliance / ZUMAPRESS.com | Alberto Gardin; S. 68-69: Romain Biard / Shutterstock.com; S. 70-71: Leonard Zhukovsky / Shutterstock.com; S. 72-73: Jose Breton- Pics Action / Shutterstock.com, Romain Biard / Shutterstock.com; S. 74-75: Mikolaj Barbanell / Shutterstock.com, ph.FAB / Shutterstock.com; S. 76-77: IOIO IMAGES / Shutterstock.com; S. 78-79: kivnl / Shutterstock.com, ph.FAB / Shutterstock.com; S. 80-81: picture alliance / empics | Sydney Mahlangu/BackpagePix, picture alliance / Eibner-Pressefoto | Eibner/Memmler; S. 82-83: Victor Velter / Shutterstock.com, picture alliance / EPA | Neil Hall; S. 84-85: Jose Breton- Pics Action / Shutterstock.com, Jose Breton- Pics Action / Shutterstock.com; S. 86-87: structuresxx / Shutterstock.com; S. 88-89: Phillip Capper, Uwe Aranas / Shutterstock.com; S. 90-91: Nicotrex / Shutterstock.com, Pressefoto City of Hamilton; S. 92-93: IOIO IMAGES / Shutterstock.com, picture alliance / Photoshot | -; S. 94-95: picture alliance / Arcaid | Ben Hosking, IOIO IMAGES / Shutterstock.com; S. 96-97: picture alliance / ZUMAPRESS.com | Noe Llamas, picture-alliance / dpa | Dave_Hunt; S. 98-99: Romain Biard / Shutterstock.com; S. 100-101: picture-alliance / AFP | AFP Europe & Africa; S. 102-103: picture alliance / ASSOCIATED PRESS | PATSY LYNCH, picture alliance / AP Photo | Lacy Atkins; S. 104-105: picture-alliance / dpa | Tobias Heyer, picture-alliance / dpa | Tobias Heyer; S. 106-107: picture-alliance / Pressefoto ULMER | Pressefoto ULMER/Florian, picture-alliance / Pressefoto ULMER | Pressefoto ULMER / Markus Ulmer; S. 108-109: picture alliance / Mika | Mika Volkmann, picture alliance / Stefan Matzke / sampics | sampics; S. 110-11: picture alliance / dpa | Carmen Jaspersen, Romain Biard / Shutterstock.com

ISBN Print 978-3-7423-2440-5

Weitere Informationen zum Verlag finden Sie unter

www.rivaverlag.de

Beachten Sie auch unsere weiteren Verlage unter www.m-vg.de